Regreso a Reims

Didier Eribon

Regreso a Reims

Traducción de Georgina Fraser

libros del
Zorzal

taurus

Papel certificado por el Forest Stewardship Council®

MIXTO
Papel | Apoyando la
silvicultura responsable
FSC® C117695

Penguin
Random House
Grupo Editorial

Título original: *Retour a Reims*

Primera edición: noviembre de 2024
Primera reimpresion: octubre de 2025

© 2024, Didier Eribon
© 2024, Penguin Random House Grupo Editorial, S. A. U.
Travessera de Gràcia, 47-49. 08021 Barcelona; Libros del Zorzal, SL, España
© 2024, Libros del Zorzal, SL, por la traducción

Printed in Spain – Impreso en España

ISBN: 978-84-306-2709-7
Depósito legal: B-16.037-2024

Compuesto en MT Color & Diseño, S.L.
Impreso en Liber Digital, S. L. Casarrubuelos (Madrid)

TA 27097

Para G., quien siempre quiere saberlo todo

I

1

Durante mucho tiempo, no fue para mí más que un nombre. Mis padres se habían mudado a ese pueblo en la época en que ya no iba a verlos. De vez en cuando, durante mis viajes al extranjero, les enviaba una postal, en un último esfuerzo por mantener vivo un vínculo que deseaba que fuera lo más exiguo posible. Al escribir la dirección, me preguntaba cómo sería el lugar donde vivían. Mi curiosidad nunca llegaba más lejos. Cuando hablaba con ellos por teléfono, una o dos veces por trimestre, a veces menos, mi madre me preguntaba: «¿Cuándo vas a venir a vernos?». Yo eludía la pregunta, pretextando que estaba muy ocupado, y le prometía ir pronto. Pero no tenía intenciones de hacerlo. Había huido de mi familia y no tenía ganas de reencontrarme con ellos.

Por eso hace muy poco tiempo que conocí Muizon. El lugar se correspondía con la idea que me había hecho: un ejemplo caricaturesco de «rurbanización», uno de esos lugares semiurbanos en medio del campo, de esos que uno no sabe muy bien si todavía pertenecen al campo o si, con el correr de los años, se han vuelto lo que se suele llamar «suburbios». Desde entonces me he enterado de que, a comienzos de la década de 1950, el número de habitantes no superaba las cincuenta personas, reunidas alrededor de una iglesia. En ella subsisten algunos elementos del siglo XII, a pesar de las guerras que devastaron, en oleadas periódicas, el nordeste de

Francia, esa región que, en palabras de Claude Simon, cuenta con un «estatus particular» y en la que los nombres de las ciudades y los pueblos se asemejan a sinónimos de «batallas» y «trincheras», «cañonazos sordos» y «vastos cementerios».[1] En la actualidad, son más de dos mil las personas que viven en ese lugar, ubicado entre, por un lado, la ruta del champán, que comienza a serpentear no lejos de allí, en un paisaje de cerros cubiertos de viñas, y, por el otro, una zona industrial más bien siniestra, en la periferia de Reims, a la que se accede tras quince o veinte minutos de coche. Se crearon calles, a lo largo de las cuales se alinean, de dos en dos, casas parecidas unas a otras. En su mayoría, se trata de viviendas sociales: sus inquilinos no son gente rica, ni mucho menos. Mis padres vivieron allí durante casi veinte años sin que yo me decidiera a hacer el viaje. Solo fui a ese poblado —¿cómo llamar a un lugar así?— y a su casa después de que mi padre se fuera de allí, cuando mi madre lo internó en una clínica para personas con la enfermedad de Alzheimer, de la que ya no saldría. Ella había retrasado ese momento lo máximo posible, pero, agotada y asustada por sus súbitos accesos de violencia —un día, él había cogido un cuchillo de cocina y se había lanzado sobre ella—, finalmente se había rendido a la evidencia: no había otra solución. Apenas se fue, se me hizo posible emprender ese viaje o, más bien, ese proceso de regreso que no me había resuelto a hacer antes. Encontrar esa «región de mí mismo», como diría Genet, de la que tanto había buscado evadirme: un espacio social del que me había distanciado, un espacio mental contra el cual me había construido, pero que no por eso constituía una parte menos esencial de mi ser. Fui a ver a mi madre. Fue el comienzo de una reconciliación con ella. O, más exactamente, de una reconciliación conmigo mismo, con toda una parte de mí que había negado, rechazado, de la que había abjurado.

Mi madre me habló mucho durante las visitas que le hice en los meses siguientes. De ella, su infancia, su adolescencia, su existencia como mujer casada... También me habló de mi padre, de su encuentro, su relación, la vida que habían llevado, la dureza de los empleos que habían tenido. Quería contarme todo y su verbo se entusiasmaba, desbordante. Era como si hubiese querido recuperar el tiempo perdido, borrar en un instante la tristeza que le habían causado las conversaciones que no habíamos tenido. La escuchaba, con un café, sentado frente a ella. Con atención cuando se contaba a sí misma; con hastío y tedio cuando me detallaba los hechos y gestos de sus nietos, mis sobrinos, a quienes nunca había visto y por quienes no tenía demasiado interés. Un vínculo se estaba restableciendo entre nosotros. Algo se estaba reparando dentro de mí. Podía ver hasta qué punto mi alejamiento le había resultado difícil. Comprendí que había sufrido por ello. ¿Qué me había sucedido a mí, que, por otra parte, fui quien tomó la decisión? ¿No había sufrido de una manera completamente diferente, según el esquema freudiano de una «melancolía» vinculada con el insuperable duelo de las posibilidades que descartamos, de las identificaciones que hicimos a un lado? Estas sobreviven en el yo como uno de sus elementos constitutivos. Aquello de lo que nos arrancaron o aquello de lo que nosotros mismos nos arrancamos continúa siendo parte integrante de lo que somos. Probablemente, las palabras de la sociología convendrían más que las del psicoanálisis para describir lo que la metáfora del duelo y la melancolía permite evocar en términos simples, pero inadecuados y engañosos: los rastros de lo que uno fue en su infancia, la manera de socializar, perduran incluso cuando las condiciones en las que se vive en la edad adulta han cambiado, incluso cuando uno ha deseado alejarse de ese pasado. En consecuencia, el regreso al medio del que uno viene —y del que uno salió, en todos los sentidos del término— siempre es un regreso sobre sí mismo y un regreso a sí mismo, un reencuentro con uno mismo que se ha conservado tanto como se lo ha negado. En tales circunstancias, aflora a la conciencia aquello de lo que uno quisiera creerse liberado, aunque se lo sabe estructurante de nuestra personalidad, a saber, el malestar que produce pertenecer a dos mundos diferentes, separados uno del otro por tanta distancia que parecen irreconciliables, pero que, sin embargo, coexisten en todo lo que uno es; una melancolía vinculada al «*habitus* escindido»,[2] retomando ese bello y poderoso concepto de Bourdieu. Extrañamente, es en el mismo momento en que uno decide superarlo, o al menos aplacarlo, cuando ese malestar soterrado y difuso regresa con fuerza a la superficie y la melancolía duplica su intensidad. Tales sentimientos siempre habían estado presentes y uno descubre, en ese momento, o más bien redescubre, que estaban allí, agazapados en el fondo de nosotros mismos y actuando en y sobre nosotros. Pero ¿realmente se puede superar ese malestar? ¿Aplacar la melancolía?

Cuando, el 31 de diciembre de ese mismo año, llamé a mi madre poco después de medianoche para desearle un buen año, me dijo: «Me acaban de llamar de la clínica. Tu padre murió hace una hora». Yo no lo quería. Nunca lo había querido. Sabía que sus meses, y luego sus días, estaban contados y no había intentado verlo una última vez. Además, ¿para qué, si no me hubiera reconocido? Ya hacía una eternidad desde que habíamos dejado de reconocernos. La fosa que se había abierto entre nosotros durante mi adolescencia se había ensanchado con los años y nos habíamos vuelto extraños el uno para el otro. Nada nos unía, nada nos reunía. Al menos es lo que yo creía, o lo que tanto había deseado creer, pues pensaba que uno podía vivir su vida al margen de su familia e inventarse a sí mismo dando la espalda al pasado y a quienes lo habían habitado.

En ese momento, creí que era una liberación para mi madre. Mi padre se hundía cada vez más en un estado de deterioro físico y mental que no podía más que agravarse. Era una caída inexorable. Ciertamente, no iba a sanar. Las crisis de demencia, durante las cuales peleaba con las enfermeras, se alternaban con largos periodos de aletargamiento, probablemente provocados por los medicamentos que le administraban después de esos episodios turbulentos, y durante los cuales dejaba de hablar, caminar, alimentarse. De todas maneras, no se acordaba de nada ni de nadie: ir a visitarlo había representado una dura prueba para sus hermanas (a dos de ellas les había dado miedo y no habían vuelto después de la primera vez) y para mis tres hermanos. Mi madre, que debía recorrer veinte kilómetros en coche para verlo, demostraba una abnegación que me asombraba, más aún porque yo sabía que lo único que él le inspiraba —y, tan atrás como recuerdo, siempre había sido el caso— eran sentimientos hostiles, una mezcla de asco y odio. Pero ella lo había convertido en su deber. Lo que estaba en juego era la imagen de sí misma: «No puedo abandonarlo en este estado», me repetía cuando le preguntaba por qué insistía en ir todos los días a la clínica, dado que él ni siquiera la reconocía. En la puerta de la habitación, había colgado una foto donde aparecían los dos, que le mostraba con regularidad: «¿Sabes quién es?». A lo que él respondía: «Es la mujer que me cuida».

Dos o tres años antes, el anuncio de la enfermedad de mi padre me había sumido en una profunda angustia. Oh, no tanto por él —era demasiado tarde y, de todas maneras, no me inspiraba ningún sentimiento, ni siquiera compasión—, sino por mí, egoístamente: ¿era hereditario? ¿Algún día me tocaría a mí? Me puse a recitar poemas o escenas de tragedias que había aprendido de memoria para verificar que todavía las sabía: «Sueña, sueña, Cefisa, con esa noche cruel que fue, para todo un pueblo, una noche eterna»; «He aquí frutas, flores, hojas y ramas. / Y he aquí mi corazón»; «El espacio a sí mismo parecido, se ensanche o se niegue, / hace rodar en este hastío». En cuanto un verso huía de mi memoria, me decía: «Ya está, ya ha empezado». Esa obsesión nunca me abandonó:

si mi memoria tropieza con un nombre, una fecha, un número de teléfono... una inquietud se despierta enseguida dentro de mí. Veo signos anunciadores por todas partes; los persigo tanto como les temo. En cierta manera, el espectro del alzhéimer acecha mi vida cotidiana, desde ese momento. Un espectro que viene del pasado para aterrorizarme mostrándome mi porvenir. Así es como mi padre sigue presente en mi existencia. Extraña manera, para alguien que se ha ido, de sobrevivir dentro del cerebro —el lugar exacto donde se localiza la amenaza— de uno de sus hijos. En uno de sus *Seminarios*, Lacan describe muy bien esta apertura a la angustia que produce, al menos en el hijo varón, la desaparición del padre: pasa a encontrarse solo, en la primera línea, frente a la muerte. El alzhéimer añade un temor cotidiano a esa angustia ontológica: los indicios se espían, se interpretan.

Pero mi vida no solo está acechada por el porvenir, también lo está por los fantasmas de mi propio pasado, que surgieron después del deceso de quien encarnaba todo lo que yo había querido abandonar, todo con lo que había querido romper y que, seguramente, había constituido para mí una suerte de modelo social negativo, un contrapunto en el trabajo que había llevado a cabo para crearme a mí mismo. En los días siguientes, me puse a recordar mi infancia, mi adolescencia, todas las razones que me habían llevado a odiar al hombre que acababa de apagarse y cuya desaparición —y la emoción inesperada que suscitaba en mí— despertaba en mi memoria todas esas imágenes que creía haber olvidado (aunque quizá siempre supe que no las había olvidado, incluso si —conscientemente— las había reprimido). Esto sobreviene en todos los duelos, me dirán, y quizá hasta constituye una de sus características esenciales y universales, sobre todo cuando se trata de los padres. Pero, en este caso, era una manera extraña de experimentarlo: un duelo en el que la voluntad de comprender al que acababa de desaparecer y de comprenderme a mí mismo, que lo sobrevivía, predominaba sobre la tristeza. Otras pérdidas anteriores me habían golpeado con más violencia y me habían hundido en una angustia más profunda. Se trataba de amigos y, por lo tanto, de vínculos electivos, cuya brutal desaparición privaba mi vida de quien tejía su trama cotidiana. Contrariamente a estas relaciones elegidas, cuya fuerza y solidaridad radicaban en el profundo deseo de ambos protagonistas de mantenerlas vivas, y que justificaban el efecto de desmoronamiento que provocaba su interrupción, me parecía que lo que me unía con mi padre provenía únicamente del vínculo biológico y jurídico: me había engendrado, llevaba su apellido y, para mí, el resto no contaba. Cuando leo las notas en las que Barthes describió, día a día, la desesperación que se abatió sobre él tras la muerte de su madre y el sufrimiento insuperable que transformó su ser, puedo sopesar hasta qué punto los sentimientos que se apoderaron de mí por la muerte de mi padre se distinguen de esa desesperación y esa aflicción. «No estoy *de duelo*. Estoy triste»,[3] escribió para expresar su rechazo a un enfoque psicoanalítico de lo que sucede tras la desaparición de un ser querido. ¿Qué me sucedió a mí? Al igual que él, podría decir que no estaba «de duelo» (en el sentido freudiano de un «trabajo» que se realiza en una temporalidad psíquica en la que el dolor inicial va borrándose de manera progresiva). Pero tampoco sentía esa tristeza imborrable sobre la que el tiempo no tiene influencia. ¿Entonces qué? Más bien un desarraigo, provocado por una interrogación indisociablemente personal y política acerca de los destinos sociales, la división de la sociedad en clases, el efecto de los determinismos sociales en la constitución de las subjetividades, las psicologías individuales y las relaciones entre los individuos.

No asistí al sepelio de mi padre. No tenía ganas de volver a ver a mis hermanos, con quienes no hablaba desde hacía más de treinta años. Desde ese entonces, lo único que había visto de ellos eran los portarretratos esparcidos por aquí y por allá en la casa de Muizon. Sabía qué aspecto tenían, en qué se habían convertido físicamente. Pero ¿cómo podía volver a verlos después de tanto tiempo, aunque fuera en esas circunstancias? «¡Cómo ha cambiado!», habríamos pensado unos y otros, buscando con desesperación descubrir en los rasgos de hoy lo que fuimos ayer; más aún, antes de ayer, cuando éramos hermanos, es decir, cuando éramos jóvenes. Al día siguiente del funeral, fui a pasar la tarde con mi madre. Nos quedamos charlando durante varias horas, sentados en los sillones de la sala. Había sacado de un armario cajas llenas de fotos. Varias eran mías, por supuesto, de niño, de adolescente... De mis hermanos, también... Una vez más, tenía ante mis ojos —aunque ¿no me habían quedado grabados en la mente y el cuerpo?— el medio obrero en el que había vivido, la miseria obrera que se lee en la fisionomía de las viviendas en segundo plano, el interior, la ropa, los propios cuerpos. Siempre resulta vertiginoso ver hasta qué punto los cuerpos fotografiados en el pasado, quizá más aún que los que están en acción y en situación frente a nosotros, se presentan de inmediato ante nuestros ojos como cuerpos sociales, cuerpos de clase. También resulta vertiginoso constatar hasta qué punto la fotografía como «recuerdo», al retrotraer a un individuo —a mí, en este caso— a su pasado familiar, lo sitúa en su pasado social. La manera en que la esfera de lo privado, e incluso de lo íntimo, resurge en viejos negativos nos reinscribe en el compartimento del mundo social del que venimos, en sitios marcados por la pertenencia de clase, en una topografía donde lo que parece corresponder a las relaciones más profundamente personales nos sitúa en una historia y geografía colectivas (como si la genealogía individual fuese inseparable de una arqueología o topología sociales que cada uno lleva dentro de sí, como una de sus verdades más profundas, si no la más consciente).

2

Una pregunta había comenzado a obsesionarme algún tiempo antes, desde que había cruzado la barrera del regreso a Reims. Esta se formularía de manera aún más clara y precisa en los días que siguieron a la tarde que pasé mirando fotos con mi madre, al día siguiente de las exequias de mi padre: «¿Por qué yo, que he escrito tanto sobre los mecanismos de dominación, nunca he escrito sobre la dominación social?». Y también: «¿Por qué yo, que le otorgué tanta importancia al sentimiento de vergüenza en los procesos de sometimiento y subjetivación, no he escrito casi nada sobre la vergüenza social?». Incluso debería enunciar la pregunta en estos términos: «¿Por qué yo, que sentí tanta vergüenza social, tanta vergüenza del entorno del que provenía cuando me mudé a París y conocí a gente que venía de entornos sociales tan diferentes al mío, a quienes con frecuencia mentía más o menos sobre mis orígenes de clase, o frente a quienes me sentía profundamente incómodo de tener que confesar mis orígenes; por qué nunca se me ocurrió abordar este problema en un libro o un artículo?». Formulémoslo de la siguiente manera: me fue más fácil escribir sobre la vergüenza sexual que sobre la vergüenza social. Como si, hoy en día, estudiar la constitución del sujeto inferiorizado y la constitución, concomitante, de la compleja relación que se establece entre el silencio de sí y la «confesión» de sí estuviera valorado y fuera valorizante, e incluso exigido por los cuadros políticos contemporáneos, cuando se trata de sexualidad, pero resultara mucho más difícil y no gozara de casi ningún sostén en las categorías del discurso público cuando se trata del origen social popular. Y quisiera entender el porqué. Huir a la gran ciudad, a la capital, para poder vivir su homosexualidad es un paso clásico y muy común en un joven gay. El capítulo que le dediqué a este fenómeno en *Identidades. Reflexiones sobre la cuestión gay* puede leerse —al igual que toda la primera parte del libro, en realidad— como una autobiografía convertida en análisis histórico y teórico o, si se lo prefiere, como un análisis histórico y teórico anclado en una experiencia personal.[1] Pero la «autobiografía» es parcial. Y otro análisis histórico y teórico habría sido posible a partir de una mirada reflexiva sobre el camino que recorrí. Pues la decisión que tomé, a los veinte años, de abandonar la ciudad donde nací y pasé toda mi adolescencia para ir a vivir a París significó, al mismo tiempo, un cambio progresivo de entorno social. Y, en consecuencia, no sería exagerado afirmar que mi salida del armario sexual, el deseo de asumir y afirmar mi homosexualidad, coincidió, en mi recorrido personal, con el ingreso en lo que podría describir como un armario social, es decir, los condicionantes impuestos por otra forma de disimulación, otro tipo de personalidad disociada o de doble conciencia (con los mismos mecanismos, bien conocidos, del armario sexual: los subterfugios para confundir las pistas, los pocos amigos que saben y guardan el secreto, los diferentes registros de discurso en función de situaciones e interlocutores, el permanente control de uno mismo, de los gestos, la entonación, las expresiones, para no dejar que nada se trasluzca, para no traicionarse, etc.). Cuando empecé a escribir sobre la sumisión, después de realizar algunos trabajos sobre el ámbito de la historia de las ideas —y en particular mis dos libros sobre Foucault—, quise basarme en mi pasado como gay y quise reflexionar sobre los mecanismos de inferiorización y «abyección» (cómo uno es «abyectado» por el mundo en el que vive) de quienes no actúan según las leyes de la normalidad sexual, y dejé de lado todo lo que en mí, en mi propia existencia, habría podido, habría debido, de la misma manera, conducirme a orientar mi mirada hacia las relaciones de clase, la dominación de clase y los procesos de subjetivación en términos de pertenencia social e inferiorización de las clases populares. No obstante, es cierto que no dejé de lado estas cuestiones en *Identidades. Reflexiones sobre la cuestión gay*, en *Una moral de lo minoritario* o en *Herejías*. La ambición de dichos libros desborda ampliamente el marco de análisis que se les dio. En ellos quise bosquejar una antropología de la vergüenza y, a partir de ahí, construir una teoría de la dominación y la resistencia, del sometimiento y la subjetivación. Probablemente fue por eso que, en *Una moral de lo minoritario* —cuyo subtítulo es *Variaciones sobre un tema de Jean Genet*—, no dejo de acercar las elaboraciones teóricas de Genet, Jouhandeau y algunos otros autores sobre la inferiorización sexual a las de Bourdieu sobre la inferiorización social, o a las de Fanon, Baldwin y Chamoiseau sobre la inferiorización racial y colonial. No es por ello menos cierto que tales dimensiones solo intervienen a lo largo de mis demostraciones como parámetros en un esfuerzo para entender lo que representa y conlleva el hecho de pertenecer a una minoría sexual. Apliqué enfoques producidos en otros contextos e intenté extender el alcance de mis análisis, pero no dejan de ser elementos secundarios, suplementos (que valen algunas veces de sostén y otras de extensión). Como señalé en el prefacio de la edición en inglés de *Identidades...*, quise transponer la noción de *habitus* de clase, acuñada por Pierre Bourdieu, a la cuestión de los *habitus* sexuales: ¿los modos de incorporar estructuras de orden sexual producen *habitus* sexuales, así como las formas de incorporar estructuras de orden social producen *habitus* de clase? Y, si bien todo intento de aportar respuestas a un problema como este debe enfrentarse evidentemente a la cuestión de la articulación entre los *habitus* sexuales y los *habitus* de clase, mi libro se centraba en la subjetivación sexual y no en la subjetivación social.[2] Cuando volví a Reims, me vi confrontado con esta pregunta, insistente y rechazada (al menos ampliamente rechazada tanto en mis escritos como en mi vida): tomando como punto de partida de mi razonamiento teórico —e instalando pues como marco para pensarme a mí mismo, pensar mi pasado y mi presente— la idea, aparentemente evidente, de que la ruptura total con mi familia podía explicarse a través de mi homosexualidad, a través de la homofobia innata de mi padre y del medio en el que había vivido, ¿no me estaba dando, al mismo tiempo —y tan profundamente verdaderas como fue posible—, nobles e incontestables razones para no pensar que también se trataba de una ruptura de clase con mi entorno de origen?

Cuando, en un momento de mi vida, hice el típico recorrido del gay que va a la ciudad, se inscribe en nuevas redes de sociabilidad, se conoce a sí mismo como gay al descubrir el mundo gay y se inventa como gay a partir de ese descubrimiento, estaba haciendo, al mismo tiempo, otro recorrido, esta vez, social: el itinerario de los que comúnmente se denominan «tránsfugas de clase». Y fui, sin dudarlo, un «tránsfuga», cuya preocupación, más o menos permanente, más o menos consciente, fue establecer una distancia con su clase de origen, escapar al entorno social de su infancia y adolescencia.

Desde luego, seguía siendo solidario con el que había sido el mundo de mi niñez, en la medida en que nunca llegué a compartir los valores de la clase dominante. Siempre sentí disgusto, incluso odio, cuando oía hablar a mi alrededor con desprecio o desfachatez de la gente del pueblo, su modo de vida, sus maneras de ser. Después de todo, era el lugar del que venía. Y también siento un odio inmediato frente a la hostilidad que los ricachones y los nuevos ricos expresan permanentemente respecto de los movimientos sociales, las huelgas, las protestas y las resistencias populares. A pesar de todos los esfuerzos, subsisten algunos reflejos de clase y, en particular, los esfuerzos para transformarse a sí mismo, por medio de los cuales uno buscó desvincularse del entorno de origen. Y si bien más de una vez me dejé llevar en mi vida cotidiana por miradas y juicios precipitados, que resultaban de una percepción del mundo y de los otros tallada por lo que hay que llamar «racismo de clase», la mayor parte del tiempo mis reacciones se parecen a las de Antoine Bloyé, el personaje con el que Nizan plasmó el retrato de su padre, antiguo obrero devenido burgués. Los propósitos peyorativos sobre la clase obrera, expresados por la gente que este frecuenta en su vida adulta y que constituye el entorno al que pasó a pertenecer, le llegan como si, al apuntar a su antiguo entorno, le estuvieran apuntando a él mismo: «¿Cómo compartir sus declaraciones sin ser infiel a la propia infancia?».[3] Cada vez que, tomando parte en juicios despreciativos, era «infiel» a mi infancia, tarde o temprano siempre aparecía en mi interior un sutil remordimiento.

Y, sin embargo, qué grande era la distancia que me separaba de ese universo que había sido el mío y del que, con la energía de la desesperación, había querido dejar de formar parte. Debo confesar que, si bien siempre me sentí próximo y solidario con las luchas populares y siempre fui fiel a los valores políticos y emocionales que me hacen vibrar cuando veo un documental sobre las grandes huelgas de 1936 o 1968, muy en el fondo experimentaba un rechazo por el medio obrero tal cual es. La «clase movilizada» o que se percibe como capaz de movilizarse y que, por lo tanto, se idealiza, e incluso glorifica, difiere de los individuos que la componen (o que la componen potencialmente). Y yo odiaba cada vez más los encuentros cercanos con quienes constituían —constituyen— las clases populares. En mis primeros tiempos en París, cuando seguía yendo a ver a mis padres, que aún vivían en Reims, en la misma *cité hlm*[4] en que había pasado toda mi adolescencia —y que solo dejarían para instalarse en Muizon, muchos años después—, o cuando almorzaba con ellos el domingo, en casa de mi abuela que vivía en París, a quien visitaban de vez en cuando, un malestar difícil de identificar y describir se apoderaba de mí frente a maneras de hablar y formas de ser tan diferentes a las de los círculos en los que me desenvolvía en esa época, frente a preocupaciones tan alejadas de las mías, frente a conversaciones donde se daba rienda suelta a un racismo primario y obsesivo, sin que estuviera muy claro por qué o cómo, cualquiera que fuera el tema que abordábamos, nos llevaba ineluctablemente a él, etc. Para mí, era un castigo que se volvía cada vez más insoportable a medida que me iba convirtiendo en otra persona. Reconocí con exactitud lo que había vivido en ese entonces en los libros que Annie Ernaux escribió sobre sus padres y la «distancia de clase» que la separaba de ellos. Ella evoca de manera fantástica el malestar que se siente al *volver* a casa de los padres después de haber abandonado no solo la vivienda familiar, sino también la familia y el mundo, a los cuales, a pesar de todo, uno sigue perteneciendo, y esa desconcertante sensación de estar, a la vez, en casa y en un universo extraño.[5] Para ser franco, en lo que me concierne, después de algunos años, se volvió una tarea casi imposible de cumplir.

Dos recorridos, entonces. Imbricados uno en el otro. Dos trayectorias interdependientes de reinvención de mí mismo: una, respecto del orden sexual, y la otra, respecto del orden social. Sin embargo, cuando tuve que escribir, fue la primera la que decidí analizar, la que se relaciona con la opresión sexual, y no la segunda, la que se relaciona con la dominación social, replicando así —quizá—, a través del gesto de la escritura teórica, lo que había sido una traición existencial. Y fue de ese modo como adopté un tipo de implicación personal del sujeto que escribe en lo que escribe, más que otro, e incluso casi excluyendo otro. Dicha elección no solo constituyó una manera de definirme y subjetivarme en el tiempo presente, sino también una elección de mi pasado, del niño y adolescente que fui: un niño gay, un adolescente gay y no un hijo de obreros. Y aun así...

«¿Quién es?», le pregunté a mi madre. «Pero... Es tu padre», me respondió. «¿No lo reconoces? Es porque no lo has visto en mucho tiempo». Efectivamente, no había reconocido a mi padre en esa foto, tomada poco antes de su muerte. Más flaco, replegado sobre sí mismo, con la mirada perdida, había envejecido terriblemente. Me hicieron falta algunos minutos para hacer coincidir la imagen de ese cuerpo debilitado con el hombre que había conocido, que vociferaba por cualquier cosa, que era estúpido y violento, y que tanto desprecio me había inspirado. En ese instante, me sentí un poco perturbado al comprender que, durante los meses, y quizá años, anteriores a su muerte, había dejado de ser la persona que yo odiaba para convertirse en ese patético ser: un extirano doméstico venido a menos, inofensivo y sin fuerzas, vencido por la edad y la enfermedad.

Al releer el hermoso texto de James Baldwin sobre la muerte de su padre, me sorprendió una observación. Cuenta que había retrasado lo máximo posible la visita a su padre, aunque lo sabía muy enfermo. Y comenta: «Le había dicho a mi madre que era porque lo odiaba, pero no era cierto. La verdad es que lo *había odiado* y deseaba conservar ese odio. No quería ver la ruina en la que se había convertido: lo que yo había odiado no era una ruina».

Y la explicación que propone me pareció aún más sorprendente: «Creo que una de las razones por las que las personas se aferran a su odio con tanta tenacidad es porque perciben que, en cuanto el odio haya desaparecido, deberán confrontar el dolor».[1] El dolor o, en mi caso —pues la desaparición del odio no hizo que ningún dolor surgiera dentro de mí—, la imperiosa obligación de preguntarme sobre mí mismo, el irreprimible deseo de remontar en el tiempo para entender las razones por las que me resultó tan difícil tener el más mínimo intercambio con quien, en el fondo, apenas conocí. Cuando trato de reflexionar acerca de eso, me doy cuenta de que no sé gran cosa sobre mi padre. ¿En qué pensaba? Eso, ¿qué pensaba del mundo en el que vivía? ¿De sí mismo? ¿Y de los demás? ¿Cómo percibía las cosas de la vida? ¿Las cosas de su vida? ¿Nuestra relación, sobre todo, cada vez más tensa, cada vez más distante, y luego la ausencia de relación? Hace poco tiempo, quedé estupefacto al enterarme de que, un día, al verme en un programa de televisión, se había puesto a llorar de la emoción. Advertir que uno de sus hijos había alcanzado lo que, a sus ojos, representaba un logro social apenas imaginable lo había conmocionado. Estaba listo —él, que siempre había sido tan homófobo conmigo— para salir al día siguiente a desafiar la mirada de los vecinos y los habitantes del pueblo e incluso, si fuera necesario, para defender lo que consideraba como su honor y el de su familia. Esa noche había presentado mi libro *Identidades. Reflexiones sobre la cuestión gay,* y mi padre, temiendo los comentarios y el sarcasmo que eso podría provocar, le había anunciado a mi madre: «Si alguien me dice algo, le rompo la cara».

Nunca —¡nunca!— conversé con él. Era incapaz de hacerlo (al menos él conmigo y yo con él). Es demasiado tarde para lamentarlo. Pero hay tantas preguntas que me gustaría hacerle ahora, aunque solo fuera para escribir el presente libro. Y una vez más me sorprendió leer esta frase en el relato de Baldwin:

«Cuando murió, me di cuenta de que, por así decirlo, nunca le había hablado. Cierto tiempo después de su muerte comencé a lamentarlo». Más adelante, al evocar el pasado de su padre, que había pertenecido a la primera generación de hombres libres (su propia madre había nacido en la época de la esclavitud), agrega: «Él afirmaba que estaba orgulloso de ser negro, pero eso también le había provocado numerosas humillaciones y había establecido siniestras limitaciones en su vida».[2] ¿Cómo habría sido posible para Baldwin no reprocharse en algún momento el haber abandonado a su familia, el haber traicionado a los suyos? Su madre no había podido comprender que los dejara, que fuera a vivir lejos de ellos, primero a Greenwich Village, para frecuentar los círculos literarios, y luego a Francia. ¿Podría haberse quedado? ¡No, por supuesto que no! Había tenido que irse, dejar detrás de sí Harlem, la estrechez mental y la hostilidad mojigata de su padre frente a la cultura y la literatura, la atmósfera sofocante de la casa familiar... Tanto para poder convertirse en escritor como para vivir libremente su homosexualidad (y afrontar en su obra una doble pregunta: qué significa ser negro y qué significa ser gay). No obstante, llegó el momento en el que lo invadió la necesidad de «regresar», incluso aunque fuera después de la muerte de su padre (su padrastro, en realidad, quien lo había criado desde pequeño). El texto que escribe en su homenaje puede interpretarse como el medio para lograr o, en todo caso, emprender el «regreso» mental, tratando de entender quién era ese personaje que tanto había odiado y del que tanto había deseado huir. Y quizá, adentrándose en ese proceso de intelección histórica y política, volverse capaz algún día de reapropiarse emocionalmente de su propio pasado y lograr no solo entenderse, sino también aceptarse. Es comprensible entonces que, durante una entrevista, obsesionado con este tema, haya afirmado con tanto ímpetu que «evitar el viaje de regreso es evitarse a uno mismo, es evitar la "vida"».[3] Como le sucedió a Baldwin con el suyo, terminé por pensar que todo lo que había sido mi padre, todo lo que tenía que reprocharle, todo aquello por lo que lo había odiado, estaba modelado por la violencia del mundo social. Él había estado orgulloso de pertenecer a la clase obrera. Más adelante, había estado orgulloso de elevarse por encima de esa condición, aunque fuera un poco. Pero también había sido la causa de numerosas humillaciones y había establecido no pocas «siniestras limitaciones» en su vida. Y lo había marcado con un tipo de locura de la que nunca pudo escapar y que lo volvía poco apto para relacionarse con los demás.

Como Baldwin, pero en un contexto extremadamente diferente, estoy seguro de que mi padre cargaba con el peso de una historia abrumadora que no podía más que producir un profundo daño psíquico en quienes la vivieron. La vida de mi padre, su personalidad, su subjetividad estuvieron determinadas por una doble inscripción en un tiempo y lugar cuya dureza y limitaciones se combinaron para multiplicarse. La clave de su ser: dónde y cuándo nació. Es decir, la época y la región del espacio social que se decidió que sería su lugar en el mundo, su aprendizaje del mundo, su relación con el mundo. En definitiva, la semilocura de mi padre y la incapacidad para relacionarse que resultaba de ella no eran, en última instancia, de orden psicológico, en el sentido de un rasgo de carácter individual: eran el efecto de este ser-en-el-mundo tan precisamente situado.

Exactamente como lo hizo la madre de Baldwin, la mía me dijo: «Él trabajó duro para alimentaros». Luego me habló de él, dejando de lado sus propios reproches: «No lo juzgues con mucha severidad, tuvo una vida difícil». Había nacido en 1929, era el mayor de una familia que iba a volverse muy numerosa: su madre tuvo doce hijos. Hoy en día, resulta difícil imaginar ese destino de madre subordinada a la maternidad: ¡doce hijos! Dos de ellos nacieron muertos (o murieron de pequeños). Otro, que nació en la carretera durante la evacuación de la ciudad en 1940, mientras los aviones alemanes se ensañaban con las columnas de refugiados, era discapacitado mental: ya fuera porque no habían podido cortar normalmente el cordón umbilical, porque se había herido cuando mi abuela se tiró con él en la cuneta para protegerlo de las ametralladoras o, simplemente, por falta de los primeros cuidados necesarios en un recién nacido (no sé cuál de estas diferentes versiones de la memoria familiar es la verdadera...). Mi abuela lo cuidó durante toda su vida. Para obtener los subsidios sociales, indispensables para la supervivencia económica de la familia, fue lo que siempre oí decir. Cuando era niño, a mi hermano y a mí nos daba miedo. Babeaba, se expresaba únicamente con gorgojeos, nos tendía la mano buscando algo de afecto o para manifestar el suyo y, como respuesta, solo lograba que nos echáramos hacia atrás, cuando no gritábamos o lo rechazábamos. Retrospectivamente me siento mortificado, pero solo éramos niños y él, un adulto que en esa época señalaban como «anormal». La familia de mi padre había debido abandonar la ciudad durante la guerra, en el momento que llamaron «el éxodo». El viaje los condujo lejos de su casa, a una granja cercana a Mimizan, una pequeña ciudad en el departamento de Landas. Unos meses más tarde, cuando se firmó el armisticio, volvieron a Reims. El norte de Francia estaba ocupado por el ejército alemán (yo nací mucho después de la guerra y, sin embargo, en mi familia seguían refiriéndose a los alemanes únicamente como *boches*,[4] quienes todavía eran objeto de un odio feroz y aparentemente inextinguible. No era raro que, hasta los años setenta e incluso más adelante, alguien exclamara después de la comida: «¡Una más que no será de los *boches*!». Y debo confesar que yo mismo empleé esta expresión más de una vez).

En 1940, mi padre tenía once años y, hasta los catorce o quince, durante todo el tiempo que duró la Ocupación, tuvo que salir a los pueblos aledaños a buscar con qué alimentar a su familia. En todas las estaciones, con viento, lluvia o nieve. Bajo el frío glacial del invierno de Champaña, recorría hasta veinte kilómetros en bicicleta para procurarse patatas u otras provisiones. En su casa, debía ocuparse de todo, o casi todo.

Se habían instalado —si fue durante la guerra o al salir de ella no lo sé— en una casa bastante amplia, en el medio de un barrio o hábitat popular que habían construido para familias numerosas en la década de 1920. Ese tipo de casa correspondía al proyecto de un grupo de industriales católicos que, a comienzos del siglo XX, se preocuparon por mejorar las viviendas de sus obreros. Reims era una ciudad dividida por una frontera de clase muy marcada: de un lado, la gran burguesía; del otro, los obreros pobres. Los círculos filantrópicos de la primera se preocupaban por las malas condiciones de vida de la segunda y por sus nefastas consecuencias. El temor por la disminución de la natalidad había provocado un profundo cambio en la manera de percibir a las «familias numerosas»: estas, que hasta fines del siglo XIX habían sido consideradas por reformadores y demógrafos como promotoras de desorden y productoras de una juventud de delincuentes, se habían convertido, a principios del siglo XX, en una muralla indispensable para detener el proceso de despoblación que amenazaba a la patria con una debilidad alarmante frente a los países enemigos. Mientras que los impulsores del malthusianismo las habían estigmatizado y combatido, desde ese momento el discurso dominante —tanto el de derechas como el de izquierdas—, exhortaba a alentarlas y valorarlas y, como consecuencia, también apoyarlas. Así, la propaganda natalista estuvo acompañada de proyectos urbanísticos que garantizaran, a los nuevos pilares de la nación regenerada, un hábitat decente, que permitiera conjurar los peligros —en los que la burguesía reformadora insistía hacía tiempo— de una infancia obrera en viviendas en malas condiciones y librada a la calle: la proliferación anárquica de niños malos y niñas amorales.[5] Los filántropos de la región de Champaña, inspirados por estas nuevas perspectivas políticas y patrióticas, fundaron una sociedad cuyo objetivo era la creación de un hábitat barato: Foyer Rémois, encargada de construir «barrios» que ofrecieran viviendas espaciosas, limpias y salubres, que resultaran accesibles para las familias con más de cuatro hijos, con una habitación para los padres, una para los niños y una para las niñas. Las casas no tenían baño, pero disponían de agua corriente (se aseaban por turnos en la pileta de la cocina). Por supuesto, la preocupación por la higiene física era solo uno más de los aspectos de estos proyectos urbanísticos. La cuestión de la higiene moral era igualmente importante: lo que se buscaba, alentando la natalidad y los valores familiares, era evitar que los obreros frecuentaran los bares y cayeran en la bebida, que aquellos favorecían. Las consideraciones políticas también estaban presentes. La burguesía pensaba que de esta forma podría poner un freno a la propaganda socialista y sindical que temía ver expandirse en los lugares de sociabilidad obrera extrafamiliares, así como, en la década de 1930, esperaba resguardar a los trabajadores de la influencia comunista usando los mismos medios. El bienestar doméstico, tal como los filántropos burgueses lo imaginaban para los pobres, tenía que evitar que los trabajadores, afianzados en sus hogares, cayeran en la tentación de la resistencia política y sus formas de asociación y acción. En 1914, la guerra interrumpió la implementación de estos programas. Después de los cuatro años de apocalipsis que vivió el nordeste de Francia, en particular la región de Reims, fue necesario reconstruir todo (las fotos tomadas en 1918 de lo que en ese entonces se denominó «la ciudad mártir» son aterradoras: solo se distinguen algunos fragmentos de paredes que aún se mantienen en pie entre pilas de escombros que se pierden en el horizonte, como si un Dios malvado se las hubiese ingeniado para borrar del mapa ese concentrado de historia. Al diluvio de hierro y fuego que se abatió sobre la ciudad solo sobrevivieron la catedral y la Basílica de Saint-Remi, aunque quedaron severamente dañadas). Gracias a la ayuda estadounidense, urbanistas y arquitectos hicieron que de esas ruinas surgiera una nueva ciudad, en cuyo perímetro se delinearon las famosas «ciudades jardín», conjuntos de casas de «estilo regionalista» (alsaciano, en realidad, creo), algunas aisladas y otras contiguas, todas dotadas de jardín y emplazadas a lo largo de amplias calles surcadas por plazas arboladas.[6] Fue en una de esas ciudades donde se instalaron mis abuelos después de la Segunda Guerra Mundial. Cuando era niño, a fines de los años cincuenta y comienzos de la década de 1960, el decorado que los filántropos habían imaginado y luego erigido se había degradado mucho: mal mantenida, la «ciudad jardín» del Foyer Rémois en la que todavía vivían mis abuelos y sus últimos hijos parecía leprosa, corroída por la miseria que tenía la función de alojar y que se leía en todas partes. Era un ambiente altamente patógeno, donde en efecto se desarrollaban varias patologías sociales. Hablando en términos estadísticos, la delincuencia era uno de los caminos que se les presentaban a los jóvenes del barrio, como sigue sucediendo en la actualidad en los espacios instituidos de segregación urbana y social; ¿cómo no sentirse impactado por la permanencia de tales situaciones históricas? Uno de los hermanos de mi padre se hizo ladrón, estuvo en la cárcel y finalmente lo exiliaron de Reims; cada tanto lo veíamos aparecer, a escondidas, cuando caía la noche, para ver a sus padres o pedir dinero a sus hermanos. Había desaparecido de mi vida y de mi memoria cuando me enteré por mi madre de que se había vuelto vagabundo y había muerto en la calle. En su juventud, había sido marino (había hecho el servicio militar en la marina y luego se había alistado, pero lo echaron por su mal comportamiento y sus mañas —peleas y robos, entre otras—) y fue su rostro, su silueta en una foto que decoraba el aparador del comedor de la casa de mis abuelos, donde se lo veía con traje de marinero, lo que me vino a la mente cuando leí *Querelle de Brest* por primera vez. Ampliando el panorama, en el barrio, las ilegalidades, pequeñas o grandes, eran la regla, como una suerte de resistencia obstinada y popular a las leyes del Estado, al que se percibía cotidianamente como el instrumento del enemigo de clase, cuyo poder se manifestaba en todas partes y en todo momento.

La natalidad, conforme a los deseos iniciales de la burguesía católica y lo que esta consideraba como «valores morales» que había que promover en las clases populares, se portaba de maravilla: no era raro que en las familias que habitaban las casas próximas a la de mis abuelos se contaran catorce o quince niños, y hasta veintiuno, según mi madre, aunque me resulta difícil creer que eso haya sido posible. A pesar de todo, el Partido Comunista prosperaba. La adhesión efectiva —entre los hombres, al menos; las mujeres, si bien compartían las opiniones de sus maridos, se mantenían alejadas de la práctica militante y las «reuniones de célula»— era relativamente habitual, pero no indispensable para difundir y perpetuar ese sentimiento de pertenencia política que está tan espontánea y estrechamente ligado a la pertenencia social. Por otra parte, lo llamaban simplemente «el Partido». Tanto mi abuelo como mi padre y sus hermanos —así como, del lado de mi madre, su padrastro y su medio hermano— asistían en grupo a las reuniones públicas que los dirigentes nacionales celebraban a intervalos regulares. En cada elección, todo el mundo votaba a los candidatos comunistas, mientras hablaban pestes de los socialistas —a quienes tachaban de falsa izquierda—, sus transigencias y traiciones. Y no obstante, cuando hacía falta, los votaban refunfuñando en la segunda vuelta, en nombre del realismo y la «disciplina republicana», que de ninguna manera se debía transgredir (en esa época, sin embargo, el candidato comunista solía estar mejor ubicado, por lo que este caso particular se presentaba en pocas ocasiones). La expresión «la izquierda» estaba cargada de un fuerte significado: se trataba de defender los propios intereses y hacerse oír. Esto sucedía, cuando no era mediante huelgas y manifestaciones, delegando y entregándose a los «representantes de la clase obrera» y a los representantes políticos. En consecuencia, se aceptaban todas sus decisiones y se repetían todos sus discursos. Constituirse como sujetos políticos consistía en confiarse a los portavoces, quienes eran los intermediarios a través de los cuales los obreros, la «clase obrera», existía como grupo consolidado, como clase consciente de su propia existencia. Lo que cada uno pensaba, los valores que reclamaban como propios, las actitudes que adoptaban, estaba profundamente marcado por la concepción del mundo que «el Partido» contribuía a instalar en las conciencias y a difundir en el cuerpo social. El voto constituía, entonces, un momento muy importante de afirmación colectiva de sí y del propio peso político. Y cuando al anochecer del día de las elecciones llegaban los resultados, explotaban de cólera al enterarse de que la derecha había vuelto a ganar, la tomaban con los obreros «amarillos» que habían votado a De Gaulle y, por lo tanto, contra sí mismos.

Se volvió tan común deplorar esta influencia comunista en los medios populares —no en todos— desde la década de 1950 hasta fines de la década de 1970, que conviene volver a cargarla con el sentido que revestía para aquellos a quienes se condena tanto más fácilmente cuanto que es poco probable que estén en condiciones de acceder a la palabra pública (¿Alguna vez alguien se preocupó por dársela? ¿De qué medios disponen para tomarla?). Ser comunista no tenía casi ninguna relación con el deseo de instaurar un régimen similar al de la Unión Soviética. Es más, la política «extranjera» parecía ser algo muy lejano, como sucede con frecuencia en los medios populares; y más aún entre las mujeres que entre los hombres. Se daba por sentado que estaban del lado soviético contra el imperialismo estadounidense, pero el tema casi nunca se tocaba en las discusiones. Y si bien las embestidas del Ejército Rojo contra los países amigos resultaban desconcertantes, preferían no hablar de ello: en 1968, mientras la radio relataba los trágicos eventos que se desarrollaban en Praga después de la intervención soviética, les pregunté a mis padres: «¿Qué sucede?», lo que me valió un rudo desaire de mi madre: «No le prestes atención. No sé por qué te interesa», probablemente porque no tenía ninguna respuesta que darme y porque estaba igual de perpleja que yo, que apenas tenía quince años. De hecho, la adhesión a los valores comunistas se anclaba en preocupaciones más inmediatas y más concretas. Cuando Gilles Deleuze, en su *Abécédaire*, expone la idea de que «ser de izquierdas», es «percibir primero el mundo», «percibir el horizonte» (considerar que los problemas urgentes son los del Tercer Mundo, más cerca de nosotros que los de nuestro propio barrio), mientras que «no ser de izquierdas», sería, por el contrario, centrarnos en la calle en la que vivimos, el país en que vivimos,[7] la definición que propone es exactamente opuesta a la que encarnaban mis padres: para los medios populares, para la «clase obrera», la política de izquierdas consistía, ante todo, en un rechazo muy pragmático de lo que debía soportarse en el día a día. Se trataba de una protesta y no de un proyecto político inspirado por una perspectiva global. Miraban a su alrededor y no a la distancia, tanto en el tiempo como en el espacio. Y aunque con frecuencia repetían: «Lo que hace falta es una buena revolución», esas frases hechas estaban más vinculadas con la dureza de las condiciones de vida y el carácter intolerable de las injusticias que con la perspectiva de instaurar un sistema político diferente. Como todo lo que sucedía parecía haber sido decidido por poderes ocultos («todo esto no es casualidad»), la «revolución», de la que nunca se preguntaban dónde, cuándo ni cómo podría llegar a estallar, aparecía como único recurso —un mito contra

otro— para hacer frente a las fuerzas maléficas —la derecha,
los «ricachones», los «peces gordos», etc.— que provocaban
tanta desdicha en la vida de la «gente que no tiene nada», de la
«gente como nosotros».

Para mi familia, el mundo se dividía en dos grupos: los que
están «con los obreros» y los que están «contra los obreros»
o, según una variación del mismo tema, los que «defienden a
los obreros» y los que «no hacen nada por los obreros». Cuántas veces habré oído esas frases que resumen la percepción de
la política y las elecciones que derivan de esta. De un lado, estaba el «nosotros» y los que están «con nosotros»; del otro,
estaban «ellos».[8] ¿Quién pasó a cumplir el papel del «Partido»?
¿A quién pueden acudir los explotados y desfavorecidos para
sentir que alguien se expresa por ellos, que los apoya? ¿A quién
pueden dirigirse, acercarse, para darse una existencia política
y una identidad cultural; para sentirse orgullosos de sí mismos
porque están legitimados por una instancia poderosa? O simplemente: ¿quién tiene en cuenta quiénes son, de qué viven,
qué piensan, qué desean?

Cuando mi padre miraba los noticieros, sus comentarios tra-
ducían una alergia epidérmica a la derecha y la extrema derecha. Durante la campaña presidencial de 1965, y luego
durante Mayo del 68, se enfurecía solo, delante de la televisión, al escuchar las palabras de Tixier-Vignancour, representante caricaturesco de la antigua extrema derecha francesa.
Cuando este último denunció que en las calles de París se
agitaba «la bandera roja del comunismo», mi padre había vo-
ciferado: «La bandera roja es la bandera de los obreros». Más
adelante, se sentiría igualmente agredido y ofendido por la
manera en que Giscard d'Estaing impuso, en todos los hogares franceses, por intermedio de la televisión, su *ethos* de
gran burgués, sus gestos afectados y su elocución grotesca.
También profería improperios contra los periodistas que pre-

sentaban los programas políticos y se deleitaba cuando el que
él consideraba como portavoz de lo que pensaba y sentía
—algún apparatchik estaliniano con acento obrero—, rompiendo las reglas del juego como nadie se atrevería a hacerlo
hoy —tan total o casi se ha vuelto la sumisión de los responsables políticos y la mayoría de los intelectuales al poder mediático— y hablando sobre los problemas reales de los obreros, en vez de responder a las preguntas de política de
escritorio en las que trataban de encerrarlo, lograba hacer
justicia para quienes nunca son escuchados en ese tipo de
circunstancias, para todos aquellos cuya existencia se excluye
sistemáticamente del paisaje de la política legítima.

Recuerdo el jardín que estaba detrás de la casa de mis abuelos. No era muy amplio y una reja a cada lado lo separaba de los jardines idénticos de los vecinos. Al fondo había un galpón en el que mi abuela, como era costumbre en la mayoría de las casas del barrio, criaba conejos que alimentábamos con pasto y zanahorias hasta que terminaban en nuestra mesa los domingos o los días de fiesta... Mi abuela no sabía leer ni escribir. Pedía que le leyeran o que le escribieran las cartas administrativas, casi excusándose de su incapacidad: «Soy analfabeta», repetía entonces con un tono que no traducía ni cólera ni indignación, solo esa sumisión a la realidad tal cual es, esa resignación que caracterizaba cada uno de sus gestos, cada una de sus palabras, y que, tal vez, le permitía soportar su condición como se acepta un destino ineludible. Mi abuelo era ebanista, trabajaba en una fábrica de muebles. Para llegar a fin de mes, también hacía muebles en su casa, para los vecinos. Le hacían muchos pedidos en todo el barrio, e incluso más lejos; literalmente, se mataba trabajando para alimentar a su familia, nunca se tomaba ni un solo día de descanso. Murió a los cincuenta y cuatro años, cuando yo aún era niño, de cáncer de garganta (en esa época, era el flagelo que se llevaba a los obreros, quienes consumían un número inconcebible de cigarrillos al día. Tres de los hermanos de mi padre sucumbieron poco después, muy jóvenes, a la misma enfermedad; antes que ellos, otro había sido víctima

del alcoholismo). Durante mi adolescencia, mi abuela se sorprendió de que yo no fumara: «Un hombre que fuma es un
hombre más sano», me dijo, inconsciente de los estragos que
tales creencias habían causado a su alrededor. Tenía una salud
frágil y murió unos diez años después que su marido, probablemente de agotamiento: tenía sesenta y dos años y limpiaba
oficinas para ganarse la vida. Una noche de invierno, cuando
volvía del trabajo a su casa —un minúsculo piso de dos ambientes en un edificio de viviendas sociales donde finalmente
se había instalado—, se resbaló con la escarcha y se golpeó la
cabeza contra el suelo. Nunca se repuso y murió algunos días
después del accidente.

Sin ninguna duda, la ciudad jardín en la que vivió mi padre
antes de que yo naciera, y que constituyó uno de los escenarios
de mi infancia, ya que con mi hermano pasábamos mucho
tiempo allí, sobre todo durante las vacaciones escolares, era
un lugar de relegación social. Una reserva de pobres, distan-
ciada del centro y de los barrios buenos. Sin embargo, cuando pienso en ello, me doy cuenta de que no tenía nada que
ver con lo que hoy se denomina *cité*. Se trataba de un hábitat
horizontal y no vertical: no había edificios, torres, ni nada de
lo que surgiría a fines de los años cincuenta y principalmente durante las décadas de 1960 y 1970, lo que hacía que ese
territorio en los confines de la ciudad conservara un carácter
humano. E incluso si el sector tenía mala reputación, incluso
si se parecía mucho a un gueto desheredado, no era tan desa-
gradable vivir allí. Las tradiciones obreras y, en particular,
algunas formas de cultura y solidaridad seguían desarrollán-
dose y perpetuándose. Fue por medio de una de esas formas
culturales —el baile popular del sábado por la noche— como
mis padres se conocieron. Mi madre vivía cerca de allí, en un
barrio en las afueras de la ciudad, con su madre y la pareja
de esta. A ella y a mi padre, como a toda la juventud popular

de la época, les gustaban los momentos de diversión y alegría que representaban los bailes de barrio. Ya hace tiempo que han dejado de existir, hoy solo se los ve la víspera o el día del 14 de Julio. Pero en esa época constituían, para muchos, la única «salida» de la semana y la ocasión de reunirse entre amigos y de tener encuentros sexuales y amorosos. Las parejas se hacían y se deshacían. A veces duraban. Mi madre estaba enamorada de otro joven, pero él quería acostarse con ella y ella no quería; tenía miedo de quedar embarazada y de dar a luz a un niño sin padre, en caso de que este último prefiriera romper antes que aceptar una paternidad no deseada. Mi madre no quería traer al mundo un niño que tuviera que vivir lo que ella misma había vivido y que tanto la había hecho sufrir. El elegido de su corazón la abandonó por otra. Ella conoció a mi padre. Nunca estuvo enamorada de él. Pero se resignó: «Este u otro...». Aspiraba a volverse finalmente independiente y solo el matrimonio le permitiría serlo, pues en esa época se era mayor a los veintiún años. Por lo demás, debieron esperar a que mi padre alcanzara esa edad: mi abuela paterna no quería dejarlo ir, pues contaba con que siguiera «entregando su paga» durante el mayor tiempo posible. Apenas pudo, se casó con mi madre. Ella tenía veinte años.

Ya en esa época, mi padre era obrero —en el peldaño más bajo del escalafón obrero— desde hacía tiempo. Todavía no tenía catorce años (las clases terminaban a fines de junio, él comenzó a trabajar inmediatamente y cumplió los catorce tres meses después) cuando entró en lo que sería el escenario de su vida y el único horizonte que se abriría para él. La fábrica lo estaba esperando; estaba ahí para él y él estaba ahí para ella. Al igual que, más adelante, estaría esperando a sus hermanos, que harían como él. Como esperaba y sigue esperando a los que nacían y nacen en familias socialmente idénticas a las suyas. El determinismo social ejerció su influencia sobre él desde el momento en que nació. No pudo escapar a lo que le prometían todas las leyes, todos los mecanismos de lo que solo puede llamarse «reproducción».

Así fue como la educación de mi padre no se prolongó después de la escuela primaria. Nadie habría imaginado algo diferente, de todos modos. Ni sus padres ni él mismo. En su entorno, había que ir a la escuela hasta los catorce, porque era obligatorio, y a los catorce se la abandonaba, porque ya no lo era. Era así. Salir del sistema escolar no era un escándalo. ¡Por el contrario! Me acuerdo lo mucho que se indignó mi familia cuando la escolarización se volvió obligatoria hasta los dieciséis: «¿De qué sirve obligar a los chicos a que sigan yendo al colegio si no les gusta, si prefieren trabajar?», repetían, sin nunca preguntarse acerca de la distribución diferencial de ese «gusto» o «ausencia de gusto» por los estudios. La eliminación escolar se relaciona frecuentemente con la autoeliminación y con la reivindicación de esta última como si se tratara de una elección: la escolarización larga es para los demás, para los que «se lo pueden permitir» y que resultan ser los mismos a los que «les gusta». El campo de los posibles —incluso de los posibles contemplables, sin hablar de los posibles realizables— está estrechamente circunscrito a la posición de clase. Es como si la línea que divide ambos mundos sociales fuera impermeable casi por completo. Las fronteras que separan estos mundos definen, dentro de cada uno de ellos, percepciones radicalmente diferentes sobre lo que se puede imaginar que uno es o será, a lo que puede aspirar o no: uno sabe que en otro lado las cosas son diferentes, pero se trata de un universo inaccesible y lejano, por lo que uno no se siente ni excluido, ni privado de nada cuando no accede a lo que, en esas regiones sociales alejadas, resulta tan evidente. Es el orden de las cosas, punto. Y uno no puede ver cómo funciona ese orden, pues para ello haría falta mirarse desde el exterior, tener una vista panorámica de la propia vida y de la de los demás. Hay que pasar, como me sucedió a mí, del otro lado de la línea demarcatoria para escapar a la implacable lógica de lo que se da por sentado y para percibir la terrible injusticia de esta distribución desigual de oportunidades y posibles. Y eso casi no se ha modificado: se desplazó la edad de la exclusión escolar, pero la barrera entre las clases sigue siendo la misma. Es por eso por lo que cualquier sociología o cualquier filosofía que pretenda ubicar en el centro de su razonamiento el «punto de vista de los actores» y el «sentido que estos dan a sus acciones» se expone a no ser más que una estenografía de la relación mistificada que los agentes sociales establecen con sus propias prácticas y, en consecuencia, a no hacer más que contribuir a perpetuar el mundo tal cual es: una ideología de la justificación (del orden establecido). Solo una ruptura epistemológica con la manera en que los individuos se piensan espontáneamente a sí mismos permite describir, al reconstituir la totalidad del sistema, los mecanismos de reproducción del orden social y, en particular, la manera en que los dominados ratifican la dominación eligiendo la exclusión escolar a la que están predestinados. La fuerza y la riqueza de una teoría residen precisamente en el hecho de nunca contentarse con registrar lo que los «actores» dicen sobre sus «acciones», sino que, por el contrario, tenga como objetivo permitir a los individuos y los grupos pensar de manera diferente quiénes son y lo que hacen, y quizá así cambiar lo que hacen y quiénes son. Se trata de romper con las categorías incorporadas de la percepción y los marcos instituidos del significado y, en consecuencia, con la inercia social de la que dichas categorías y marcos son vectores, con el fin de generar una nueva mirada del mundo y, de esa manera, abrir nuevas perspectivas políticas.

¡Es que los destinos sociales están trazados desde temprano! ¡Las cartas ya están echadas! Los veredictos están dados antes de que nos demos cuenta. Las sentencias se graban a fuego en nuestros hombros al momento de nacer y los lugares que vamos a ocupar están definidos y delimitados por lo que nos precede: el pasado de la familia y del entorno en los que venimos al mundo. Mi padre ni siquiera tuvo la posibilidad de obtener el certificado de estudios primarios, el diploma que, para las clases populares, constituía el fin y el coronamiento de la escolaridad. Los niños de la burguesía seguían otro camino: a los once años entraban en el liceo.[1] Mientras tanto, los hijos de los obreros y campesinos quedaban atados a la educación primaria hasta los catorce años y allí se detenían. Había que evitar que se mezclaran aquellos a quienes se debía impartir los rudimentos de un saber utilitario (leer, escribir, contar), indispensable para arreglárselas en la vida cotidiana y suficiente para ocupar empleos manuales, y aquellos, provenientes de las clases privilegiadas, a quienes se les reservaba el derecho a una cultura considerada «gratuita» (la «cultura» a secas, la cual se temía que pudiese corromper a los obreros que accedieran a ella).[2] El certificado evaluaba que se hubieran adquirido los conocimientos «funcionales» básicos (a lo que se agregaban algunos elementos de la «Historia de Francia» —algunas fechas importantes de la mitología nacional— y de «Geografía» —la lista de departamentos y sus capitales—). En los medios a los que estaba destinado, poseía un carácter selectivo, y haberlo obtenido era causa de orgullo. Solo la mitad de los que se presentaban a los exámenes aprobaba. Y eran numerosos quienes, más o menos fuera del sistema antes de la edad legal, ni siquiera llegaban a presentarse. Ese fue el caso de mi padre. Lo que mi padre aprendió entonces lo aprendió más adelante, por sí mismo, en las «clases nocturnas», a las que asistía después de su jornada de trabajo con la esperanza de subir algunos escalones en la jerarquía social. Durante algún tiempo, mantuvo la esperanza de ser diseñador industrial. Rápidamente chocó con la realidad: no tenía, supongo, la formación inicial necesaria y, sobre todo, no debía de ser fácil concentrarse después de haber pasado todo el día en la fábrica. Debió abandonar las clases y renunciar a sus ilusiones. Durante largo tiempo conservó grandes hojas cuadriculadas, cubiertas de esquemas y gráficos —¿cuadernos de ejercicios?—, que a veces sacaba de una carpeta para mirarlas o mostrárnoslas, antes de volver a guardarlas en el fondo del cajón, donde yacían sus esperanzas difuntas. No solo siguió siendo obrero, sino que debió serlo por partida doble: cuando yo era muy pequeño, comenzaba su día muy temprano por la mañana y trabajaba en una fábrica hasta después del mediodía; luego iba a otra fábrica para agregar algunas horas a su salario. Mi madre ayudaba como podía, se deslomaba haciendo trabajos de limpieza y lavando ropa (todavía no existían las lavadoras o eran pocos quienes podían acceder a tener una, y lavar la ropa de los demás era una manera de ganar algo de dinero extra y aumentar los ingresos del hogar). Solo se empleó en una fábrica cuando mi padre estuvo desempleado por un largo periodo, en 1970. Siguió trabajando allí una vez que mi padre volvió a encontrar empleo (ahora me doy cuenta de que fue a trabajar a la fábrica para que yo pudiera terminar el instituto e ir a la universidad. En ese momento, nunca se me cruzó por la mente la idea de que podía ir a trabajar para ayudar a mi familia; o bien la reprimía en lo más recóndito de mi conciencia cuando mi madre evocaba esa posibilidad y, en verdad, la evocaba con frecuencia). Por más que mi padre le repetía una y otra vez que «trabajar en la fábrica no es de mujeres», y se sentía tocado en su honor masculino por no ser capaz de satisfacer por sí mismo las necesidades del hogar, debió resignarse y aceptar que mi madre se convirtiera en «obrera», con todas las connotaciones negativas con las que cargaba esa palabra: mujeres «desvergonzadas», que hablan «duro», e incluso que quizá tienen relaciones «a diestra y siniestra», en resumen, «prostitutas»... Esta representación burguesa de la mujer de clase baja que trabaja fuera de su casa y en lugares donde se codea

con obreros era ampliamente compartida por los hombres de
la clase obrera, a quienes no les gustaba demasiado perder el
control de sus mujeres o de sus compañeras durante varias
horas al día y quienes, por encima de todo, se sentían aterra-
dos por el espectro deshonrado de la mujer emancipada. Annie Ernaux cuenta sobre su madre, quien de soltera se había
empleado en una fábrica, que deseaba ser considerada «obrera, *pero* seria». Ahora bien, el solo hecho de trabajar con hombres alcanzaba para «impedir que la consideraran lo que ella
aspiraba a ser, "una joven como se debe"».[3] Lo mismo sucedía
con las mujeres de más edad: el oficio que ejercían alcanzaba
para que todas tuvieran mala reputación, hubiesen o no prac-
ticado la libertad sexual que se les sospechaba. Esto llevaba a
que mi padre fuera frecuentemente al café situado justo al
lado de la fábrica en el horario de salida para saber si mi
madre lo frecuentaba a escondidas y sorprenderla en el lugar
si hubiese sido el caso. Pero ella no iba a ese café ni a ningún
otro. Volvía a casa para preparar la comida después de haber
hecho las compras. Como todas las mujeres que trabajan,
estaba sujeta a una doble jornada.

No fue hasta mucho tiempo después que mi padre pudo subir algunos escalones, si no en la jerarquía social, al menos en
la de la fábrica, pasando del estatuto de obrero al de obrero
especializado y, en definitiva, al de supervisor. Ya no era un
obrero, dirigía a los obreros. O, más exactamente, tenía un equipo a su cargo. Este nuevo estatus le daba un orgullo ingenuo,
una imagen de sí mismo más valorizante. Por supuesto, a mí
me parecía risible... A mí, que tantos años después seguiría
ruborizándome al tener que entregar, para obtener tal o cual
documento administrativo, mi acta de nacimiento, en la que
figuraban la profesión inicial de mi padre (obrero) y la de mi
madre (empleada doméstica), y que no podía concebir que
hubiesen deseado tanto elevarse por encima de su condición,

que para mí era tan poco, pero que para ellos era realmente mucho.

Mi padre trabajó en la fábrica desde los catorce hasta los cincuenta y seis años, cuando le dieron la «jubilación anticipada» sin preguntarle cuál era su opinión, el mismo año que a mi madre (a los cincuenta y cinco años). Ambos fueron rechazados por el sistema que los había explotado sin vergüenza. Él quedó desamparado al encontrarse sin una ocupación; ella estaba bastante feliz de dejar un lugar de trabajo en el que las tareas eran agotadoras —a un nivel inimaginable para quienes nunca han tenido esa experiencia— y donde el ruido, el calor, la repetición cotidiana de gestos mecánicos corroen poco a poco los organismos más resistentes. Estaban cansados, desgastados. Mi madre no había aportado a la jubilación el tiempo suficiente, pues pocas veces sus empleos de trabajadora doméstica habían estado declarados, lo que redujo el monto de su jubilación. Esto recortó severamente sus ingresos. Debieron reinventar su vida como pudieron. Por ejemplo, comenzaron a viajar con mayor frecuencia, gracias a la comisión interna de la fábrica donde había trabajado mi padre. Iban a pasar un fin de semana en Londres, una semana en España o Turquía... No se amaban más que antes, simplemente habían encontrado un *modus vivendi*, estaban acostumbrados el uno al otro y ambos sabían que solo la muerte de uno de ellos los separaría.

Mi padre se daba maña con los arreglos de la casa, estaba orgulloso de su destreza en ese ámbito, así como estaba orgulloso del trabajo manual en general. Dedicaba la mayor parte de su tiempo libre a esa actividad que lo hacía dichoso y disfrutaba de un trabajo bien hecho. Cuando yo estaba en el liceo, en segundo o primero,[4] me construyó un escritorio a partir de una vieja mesa. Instalaba armarios, reparaba todo lo que empezaba a funcionar mal en el apartamento. Yo no sabía hacer nada con las manos. Y, por supuesto, cargaba, en esta incapacidad deseada —¿no podría haberme decidido a aprender algo de él?—, todo mi deseo de no parecerme a él, de convertirme en alguien socialmente diferente a él. Más adelante, descubriría que algunos intelectuales adoran ocuparse de los arreglos de sus casas y que uno puede amar los libros —leerlos y escribirlos— y, a la vez, dedicarse con placer a realizar actividades prácticas y manuales. Ese descubrimiento me hundiría en un abismo de perplejidad: como si toda mi personalidad estuviera puesta en duda por la desestabilización de lo que había percibido y vivido por mucho tiempo como un binarismo fundamental, constitutivo (aunque en realidad solo era constitutivo de mí mismo). Lo mismo sucedió con el deporte: el hecho de que a algunos de mis amigos les gustara mirar programas deportivos me perturbaba profundamente, pues provocaba el desmoronamiento de una evidencia a cuya fuerza me había sometido. Para mí, definirme como un intelectual, querer ser uno, había significado odiar las noches en que veíamos partidos de fútbol por televisión. La cultura deportiva, el deporte como único centro de interés —para los hombres, pues para las mujeres solía ser la prensa amarillista—, tantas realidades que yo había decidido juzgar desde lo alto, con un gran desdén y un sentimiento de elección. Me hizo falta mucho tiempo para deconstruir todas esas particiones que me habían permitido convertirme en quien había llegado a ser y poder reintegrar en mi universo mental y existencial esas dimensiones que había excluido.

Cuando yo era niño, mis padres andaban en ciclomotor. Nos llevaban, a mi hermano y a mí, en dos asientos para niños instalados en la parte trasera, lo que podía resultar peligroso. Un día, mi padre derrapó en la gravilla de una curva y mi hermano se rompió una pierna. En 1963, decidieron obtener el permiso de conducir y compraron un coche usado (un Simca Aronde negro, a cuyo capó se me ve abrazado, a los doce o trece años, en varias fotos que mi madre me dio). Mi madre había aprobado el examen antes que mi padre. Como para él hubiese sido una deshonra ir sentado al lado de su mujer al volante, prefirió, para evitar esa situación infamatoria, conducir sin permiso durante algún tiempo. Se volvía literalmente loco —y malo— cuando mi madre expresaba su temor y manifestaba su deseo de tomar lo que él consideraba su lugar. Luego, todo volvió a la normalidad: siempre conducía él (incluso cuando había bebido demasiado, no quería que ella lo hiciera). Desde que adquirimos el coche, los domingos salíamos de picnic a los bosques o campos de los alrededores de la ciudad. Durante el verano, no era cuestión de irnos de vacaciones, desde luego. No teníamos con qué hacerlo. Nuestros viajes se limitaban a una visita de un día a una ciudad de la región: Nancy, Laon, Charleville... A veces cruzábamos la frontera belga; había una ciudad que se llamaba Bouillon (un nombre que aprendimos a asociar con Godofredo de Bouillon y la aventura de las Cruzadas, pero que ahora prefiero relacionar con la ópera de Cilea, *Adrienne Lecouvreur*, y el grandioso y terrible personaje de la princesa de Bouillon). Visitábamos el castillo, comprábamos chocolates y recuerdos. No íbamos más lejos. No conocí Bruselas hasta años más tarde. Incluso una vez fuimos a Verdún; recuerdo la lúgubre y aterrorizante visita al osario de Douaumont, donde están apilados los restos de los soldados muertos en las batallas que tuvieron lugar allí durante la Primera Guerra Mundial. Me provocó pesadillas por mucho tiempo. También íbamos a París, a visitar a mi abuela materna. Los atascos parisinos le provocaban a mi padre asombrosas crisis de cólera: pataleaba, decía una palabrota tras otra, vociferaba, sin que supiéramos muy bien por qué se ponía en ese estado que siempre acababa en interminables disputas con mi madre, a quien le costaba soportar lo que llamaba sus «escenas». Lo mismo sucedía en la carretera: si se equivocaba de camino o se saltaba una salida, se ponía a gritar como si su vida y la nuestra dependieran de ello. Pero la mayoría de las veces, cuando el día era bueno, íbamos a la costa del Marne, cerca de la ruta del champán, y nos entregábamos por horas al pasatiempo preferido de mi padre: la pesca. Allí se convertía en otro hombre, y entonces un lazo se establecía entre él y sus hijos: nos enseñaba los gestos y las técnicas necesarios, nos daba consejos y, a lo largo del día, comentábamos lo que iba pasando o lo que no pasaba: «Hoy pica», o bien, «No pica», y buscábamos saber por qué, le echábamos la culpa al calor o la lluvia, a un momento del año demasiado prematuro o demasiado tardío... A veces nos encontrábamos con mis tíos y sus hijos. Por la noche, comíamos los pescados que habíamos atrapado. Mi madre los lavaba, los pasaba por harina y los ponía en la sartén. Nos relamíamos con esas frituras. Pero enseguida todo eso comenzó a parecerme ridículo y estéril. Quería leer, no perder el tiempo sosteniendo una caña de pescar, vigilando las oscilaciones de un corcho en la superficie del agua. Empecé a odiar toda la cultura y las formas de socialización vinculadas con ese pasatiempo: la música de las radios a pila, las charlas banales con la gente que encontrábamos allí, la estricta división del trabajo entre los sexos (los hombres pescaban; las mujeres tejían, leían fotonovelas o se ocupaban de los niños, preparaban las comidas). Dejé de acompañar a mis padres a ese lugar. Para poder inventarme, antes que nada, debía disociarme.

II

1

La madre de mi madre no había cumplido los diecisiete años cuando dio a luz. El joven con el que había «pecado» no debía de ser mucho mayor. Su padre la echó apenas se dio cuenta de que estaba embarazada: «¡Vete de aquí con tu bastardo! ¡Y que Dios os maldiga a ambos!», le gritó. Ella se fue. Y poco después recibió a su propia madre (por razones que ignoro, pero probablemente porque esta no había aceptado dejar de ver a su hija y había abandonado a su marido). El amante de la joven no soportó esa situación por mucho tiempo —el apartamento debía de ser exiguo— y le dijo: «Tu madre o yo». Ella eligió a su madre; él la abandonó y nunca más se tuvieron noticias suyas. Se ocupó de su hija unos pocos meses y desapareció de la vida de mi madre, «la bastarda», antes de que ella hubiera alcanzado una edad que le permitiera recordarlo. Algún tiempo después, mi abuela se juntó con otro hombre, con el que tuvo otros tres hijos. Mi madre vivió con ellos hasta la guerra, que transformaría su vida para siempre. Más adelante, le suplicaría a su madre que le dijera el nombre de aquel que nunca había conocido y le preguntaría qué había sucedido con él, pero no obtendría más respuesta que esta frase: «Remover el pasado no sirve para nada». La única información que tiene sobre su padre es que era muy agraciado y que era albañil. Y también que era español. «Andaluz», me afirmó recientemente. Gitano, le gusta pensar, como si escri-

birse una novela familiar hiciera más soportable el dolor de
haber tenido que sobrellevar todas las consecuencias nefastas
vinculadas con el estatuto de niña sin padre (con frecuencia,
evoca la herida todavía abierta que le infligieron las burlas de
la maestra cuando, aún muy pequeña, en la escuela, a una
respuesta de rutina sobre sus padres, había respondido que
no tenía padre: «Todo el mundo tiene un padre», le habían
objetado con un sarcasmo cruel. Ella, justamente, no lo tenía).
Por otra parte, esa fábula gitana podría ser cierta. Mirando
las fotos de cuando tengo quince o dieciséis años, con la piel
morena y el cabello negro, largo, ensortijado, se me ocurrió
que podría haberlo heredado de esa filiación genética. Hace
algunos años, durante uno de los viajes organizados por la
comisión interna de la fábrica en que mi padre había trabajado, mis padres recorrieron Andalucía. Cuando el autocar
estaba llegando a Granada, mi madre se sintió desvanecer de
la emoción. «Era raro, me dio escalofríos —me contó—. No
sé qué pasaba, pero seguramente es porque era mi tierra. Además, en una de las cenas en el hotel había unos gitanos que
tocaban la guitarra. Uno de ellos se sentó a mi lado y me dijo:
"Eres una de nosotros"».

Nunca suscribí esa mística de los orígenes —jamás entendí demasiado bien a qué ilusión de transmisión biológica o a
qué psicología de las profundidades familiares incumbe—,
pero soy consciente de que para mi madre fue y sigue siendo
muy difícil el hecho de no haber podido conocer a su padre
y que se inventó, a partir de elementos reales, una España
depositada en lo más profundo de su ser, como un rayo de sol
que pudiera salvarla de la bruma del norte y de las oscuras
realidades de su existencia. No fueron riquezas con lo que
soñó durante toda su vida, sino con luz y libertad. Esa libertad que quizá le hubiese dado la posibilidad de estudiar. «Me
hubiera gustado ser maestra», dice hoy, ya que «en esa época,
era lo único que las mujeres podían hacer después de la es-

cuela». Sus ambiciones eran muy limitadas y, sin embargo, resultaron ser poco realistas. Cuando estaba a punto de entrar al liceo, algo bastante inaudito para alguien de su entorno social —era muy buena alumna e incluso había conseguido una dispensa para ir a sexto con solo diez años en vez de once—, su familia tuvo que abandonar la ciudad: se le solicitó a la población que huyera ante el avance de las tropas alemanas. Los llevaron al sur en autobuses. Solo se quedaron quienes tenían la intención de saquear y los que querían proteger sus bienes de los saqueos (así es como mi madre relata ese siniestro episodio). Ese periplo los condujo hasta Borgoña, donde los recibieron en una granja.

Durante el tiempo que vivieron allí, mi abuela participó del trabajo en el campo, desde la mañana temprano hasta caída la noche. Los niños pasaban el tiempo como podían: jugaban en el patio o ayudaban con las tareas domésticas. Después del armisticio, todo el mundo regresó a sus hogares. Mi abuela encontró trabajo en una metalúrgica. Cuando pidieron voluntarios para ir a trabajar a Alemania, se postuló como candidata, dejó a su compañero y encomendó a sus cuatro hijos a una familia de acogida. Después de algunos meses, dejó de enviar dinero y la familia ubicó a los dos niños y las dos niñas en el Hospice de la Charité, el orfanato que acogía huérfanos y niños abandonados. Ni hablar de que mi madre fuera al liceo. Rindió y obtuvo su certificado de estudios, lo que le provocó —y aún le provoca— un gran orgullo, e inmediatamente después la «colocaron como criada». En efecto, en cuanto cumplían los catorce años, la institución ponía a trabajar a los niños que estaban a su cargo: los varones en una granja (fue el caso del mayor de sus hermanos) y las niñas como empleadas domésticas.

Al principio, mi madre trabajó para una pareja de docentes. Gente buena que se encariñó con ella. De ellos, conserva un recuerdo cargado de gratitud: mientras trabajó en su casa, le pagaron clases de taquimecanografía, con la idea de que podría convertirse en secretaria. Mi madre se destacó. Le hubiese gustado continuar estudiando, pues un año no alcanzaba para que rindiera frutos profesionalmente. Pero la Charité no «ubicaba» a las jovencitas más de un año en cada casa. Luego debían cambiar de empleador. Y así mi madre tuvo que volver a renunciar a sus sueños. Criada era, criada sería.

Ciertamente no era un trabajo fácil. Y el acoso sexual era casi una constante. Muchas veces le sucedió que el marido de la mujer que la había contratado le diera una cita de forma discreta. Y como mi madre no se presentaba, la señora de la casa la despedía al día siguiente porque su marido le había contado que ella había flirteado con él. Incluso una vez, el padre de su empleadora había llegado desde atrás y le había puesto las manos sobre los senos. Ella se soltó con un movimiento brusco, pero se cuidó de quejarse para no volver a quedarse sin trabajo y tener que salir a buscar uno: «Nadie me hubiera creído. Yo, una pobre chica de la limpieza, contra un rico industrial de la ciudad», me confió cuando aceptó describirme ese pasado del que, según pude constatar, nunca hablaba sin que inmediatamente la invadiera, sesenta años después, una fría y triste furia. Y luego agregaba: «Cosas como esa sucedían todo el tiempo, pero una se callaba. En esa época no era como ahora, las mujeres no tenían ningún derecho... Los que hacían la ley eran los hombres». A los dieciséis o diecisiete años ya sabía lo que son y lo que valen los hombres, y cuando se casó lo hizo sin grandes ilusiones sobre ellos en general y sobre el que desposaría en particular.

Cuando mi abuela regresó a Francia después del tiempo que pasó en Alemania, volvió a vivir con el hombre que había sido su pareja antes de la guerra y recuperó a los tres hijos que había tenido con él. Pero no a su hija mayor. Ni siquiera intentó saber dónde estaba o qué hacía. Sin embargo, antes de

la guerra, mi madre, que ahora vivía en casa de sus emplea-
dores, había vivido con ellos, así como con sus dos medio
hermanos y su media hermana. Y había deseado con ardor
poder considerar a su padrastro como su padre. Este era carbonero, iba por las calles en una carreta tirada por un caballo
gritando: «¡Carbonero! ¡Carbonero!». Quienes querían com-
prar bolsas de carbón le hacían señas desde sus ventanas.
Después de la guerra siguió ejerciendo el mismo oficio, pero
reemplazó la carreta y el caballo por una camioneta. Cuando
mi abuela se casó con él, en 1946, olvidó invitar a su primera
hija a la boda. Mi madre se enteró por su hermano, con quien
se mantenía en contacto. Poco tiempo después, sintiéndose
muy sola y desgraciada, decidió, a pesar de todo, volver a ver
a la mujer que la había tratado de manera tan horrible («después de todo era mi madre, y además no tenía a nadie»). Pero
no la encontró en su casa. Se había ido a París, donde vivía
su hermana, y había llevado con ella a sus otros hijos. En
París, o en realidad en el barrio de los suburbios donde se
había instalado, multiplicó —parece— sus aventuras amoro-
sas y sexuales. «Una rompe hogares», fue como alguien se la
describió un día a mi madre. Sin embargo, volvería a Reims.
A vivir con su marido una vez más. Y finalmente mi madre
volvió a mudarse con ella: en efecto, cuando cumplió dieciocho años intentó volver a casa de su madre. Quien la acogió.
Quien «volvió a aceptarla», según decía. Mi madre le per-
donó todo. Estaba feliz de haber vuelto a formar parte de la
familia. Pero nunca olvidó el desapego que su madre había demostrado hacia ella y que la angustia causada por la guerra
no alcanzaba a justificar. Sin embargo, cincuenta años después,
cuando mi abuela debió dejar el modesto piso que ocupaba
en una miserable calle de Barbès, en el corazón del sector más
popular del distrito XVIII de París, porque le resultaba cada
vez más difícil arreglárselas sola, fue mi madre quien le buscó
un monoambiente en Reims y se ocupó de ella. Cuando per-

dió su autonomía física y comenzó a resultarle cada vez más difícil moverse sola e insistió en volver a París, donde quería terminar sus días, también fue mi madre quien le encontró un geriátrico. Y como sus ingresos no alcanzaban para pagar la tarifa del centro, fuimos mi madre y yo quienes pagamos, hasta su muerte, la pesada parte de los gastos que la ayuda social no cubría.

Durante largo tiempo lo ignoré todo —o casi todo— de la historia de mi madre en la época de la guerra y la posguerra. De niño y luego de adolescente, durante los años sesenta y setenta, quise mucho a mi abuela. En ese entonces, ella vivía en París (de hecho, siempre la conocí viviendo en París, ciudad que amaba y adonde había querido mudarse a mediados de la década de 1950 al dejar definitivamente a su marido de Reims). Era encargada de edificio. Primero, en el distrito XIII (en la calle Pascal); luego, en una estrecha calle de Les Halles, cuando todavía funcionaba como mercado (sobre la calle Tiquetonne, irreconocible hoy en día). Por último, en un barrio más burgués, en el distrito XII (en la calle Taine), antes de jubilarse e instalarse en un piso en Barbès. Vivía con otro hombre al que siempre llamé «abuelo» (la familia real y la familia biológica, sin siquiera hablar de la familia política, coinciden con menos frecuencia de la que se cree, y las familias «ensambladas» no esperaron a la década de 1990 para existir). En ese mundo obrero, las estructuras conyugales y familiares estaban marcadas, desde hacía tiempo —para mejor y para peor—, por la complejidad, la multiplicidad, las rupturas, las elecciones sucesivas, las reorganizaciones, etc. (parejas viviendo en concubinato, niños de «varias camas», hombres y mujeres casados que vivían cada uno por su lado con otras mujeres y otros hombres sin estar divorciados, entre otros casos). Mi abuela y su nueva pareja nunca se casaron. De hecho, mi abuela jamás se divorció del hombre con el que se había casado en 1946 y que murió en los años setenta u ochenta, pero que ella no había visto en mucho tiempo. Durante mi adolescencia, e incluso mucho después, esta situación familiar algo «turbia» me daba vergüenza: mentía sobre la edad de mi abuela y de mi madre para que no pudieran calcular que mi madre había nacido cuando la suya contaba con solo diecisiete años; hablaba del segundo marido de mi abuela como si fuese mi abuelo... El orden social ejerce su influencia sobre todos. Y quienes gustan de que todo esté «resuelto», cargado de «sentido» y «referencias», pueden contar tanto con esta adhesión a la norma que se inscribe, desde la primera infancia, en lo más profundo de nuestras conciencias a través del aprendizaje del mundo social, como con la incomodidad —la vergüenza— que se siente cuando el entorno social en el que uno se desenvuelve actúa contrariamente a ese bello ordenamiento jurídico y político que toda la cultura circundante se representa como si fuese la única realidad que es posible vivir y un ideal que se debe alcanzar, incluso si esa familia normal —esa familia normativa— no se corresponde para nada con las vidas reales. Es probable que los sentimientos de desagrado que me inspiran en la actualidad aquellos que intentan imponer su definición de qué es una pareja, qué es una familia, la legitimidad social y jurídica que se reconoce a unos y se niega a los demás, etc., y que invocan modelos que solo existieron en su imaginación conservadora y autoritaria, le deben mucho de su intensidad a ese pasado en el que las formas alternativas estaban destinadas a ser vividas en la conciencia de cada uno como desviadas y anormales y, en consecuencia, como inferiores y vergonzosas. Lo que sin duda explica por qué desconfío tanto de las llamadas a la anormalidad que nos lanzan los defensores —igualmente normativos, en el fondo— de una no normatividad erigida en «subversión» prescrita, ya que, a lo largo de toda mi vida, pude constatar que normalidad y anormalidad eran realidades tanto relativas como relacionales, móviles, contextuales, imbricadas una en la otra, siempre parciales... Y también hasta qué punto la ilegitimidad social puede producir estragos psíquicos en quienes la viven con inquietud o dolor, y así provocar una aspiración profunda a entrar en el espacio de lo legítimo y «normal» (la fuerza de las instituciones influye ampliamente en esta deseabilidad).[1]

El abuelo que conocí en los años sesenta (no pongo entre comillas la palabra abuelo pues efectivamente era mi abuelo, en la medida en que la familia, se adecue jurídicamente o no a los decretos de los detentores del orden social, siempre es fruto de la voluntad y la decisión y, en todo caso, de la práctica efectiva) trabajaba como limpiacristales. Andaba en ciclomotor con su escalera y su balde; limpiaba los escaparates de cafés o comercios que a veces se encontraban bastante lejos de donde vivía. Un día, yo caminaba por las calles de París y él pasaba por allí. Me reconoció y se detuvo en el bordillo, feliz por el encuentro fortuito. Yo me sentía incómodo, aterrorizado por la idea de que alguien pudiera verme con él, pertrechado con su extraña carga. Qué habría respondido si alguien me hubiese preguntado: «¿Quién era el hombre con el que hablabas?». En los días siguientes, me costó desprenderme de un abrumador sentimiento de mala conciencia: «¿Por qué no tengo el coraje de asumir lo que soy?», me reprochaba. «¿Por qué frecuentar un mundo burgués o pequeñoburgués me condujo a renegar así de mi familia y a que me avergonzaran hasta este punto? ¿Por qué interioricé las jerarquías del mundo social en todo mi cuerpo cuando, intelectual y políticamente, declaro combatirlas?». Al mismo tiempo, maldecía a mi familia por ser lo que era: «Qué mala suerte haber nacido en ese ambiente», me repetía. Oscilaba de un estado de ánimo al otro, a veces me culpaba y otras los culpaba (pero ¿eran responsables? ¿De qué?). Me sentía desgarrado. Mal conmigo mismo. Mis convicciones se contradecían con mi integración en el mundo burgués, la crítica social que reivindicaba entraba en conflicto con los valores que se me imponían, ni siquiera puedo decir «a mi pesar», pues nada me obligaba a aceptarlos, más que mi sumisión voluntaria a las percepciones y los juicios de los dominantes. En lo político, estaba con los obreros, pero odiaba tener raíces en su mundo. Probablemente, ponerme del lado del «pueblo» me habría provocado muchos menos tormentos internos y crisis morales si el pueblo no hubiera sido mi familia, es decir, mi pasado y entonces, a pesar de todo, mi presente.

Mi abuelo bebía mucho («empinaba el codo», decían) y, después de algunas copas de un mal tinto, se sumergía en una perorata interminable, atravesada por la inventiva lingüística que, en ese entonces, caracterizaba la facundia popular y cuyo equivalente actual es la labia de los jóvenes de los suburbios. No le faltaba cultura, sabía muchas cosas y, creyendo saber aún más, nunca retrocedía ante una afirmación perentoria (que frecuentemente resultaba ser falsa). Era comunista como los burgueses son de derechas: le parecía algo natural, un elemento de pertenencia de clase recibido al nacer, junto con el patrimonio genético. Al igual que mi padre —antes de que dejara de serlo, e incluso después de dejar de serlo, porque, en cierta manera, siempre lo fue—, muchas veces comenzaba sus frases diciendo: «Nosotros, los obreros...». Un día me contó que cuando iba conduciendo a su trabajo por el bulevar Saint-Germain, a las cinco de la mañana, un grupo de burgueses borrachos, que salían de una fiesta o de una discoteca y caminaban por la vereda, le habían gritado: «¡Pobre hijo de puta!». Cuando hablaba de la lucha de clases, esta tenía un sentido muy concreto para él. Soñaba en voz alta con la revolución que vendría. Cuando me fui a vivir a París, tomé la costumbre de ir a almorzar con él y mi abuela los domingos, bastante regularmente. A veces mis padres venían de Reims para comer con nosotros, quizá con mis dos hermanos menores. Pero me hubiera mortificado que la gente que yo conocía y luego con la que trabajaba supiera dónde vivían. Era más que discreto sobre este tema y, cuando me preguntaban, lo eludía o mentía.

Me daba cuenta de que entre mi madre y mi abuela existía una tensión, pero solo supe la razón cuando mi abuela murió. Mi madre quiso contarme lo que siempre había vivido más o menos en silencio: el abandono, el orfanato, el rechazo de su madre después de la guerra... Nunca había hablado de eso con nadie. Se justificó diciendo: «Mi subconsciente lo había ocultado», retomando de manera extraña el vocabulario de la vulgata psicoanalítica que debía de haber escuchado en la televisión, cuando evidentemente siempre lo había recordado, pero había preferido guardar el secreto. Aunque no podía evitar hacer alusión a ello de tanto en tanto; cuando yo era niño, por ejemplo, y me quejaba por alguna nimiedad, se enfurecía: «¿Quizá preferirías que te criaran en la Charité?». Pero, como si la historia de una familia no fuese más que una sucesión de vergüenzas enquistadas una sobre otra, más o menos silenciadas tanto dentro como fuera del círculo familiar, sumó otra revelación, que ennegrecía aún más ese cuadro tan sombrío. Ella misma no había sabido nada hasta que su hermano se lo contó cuando, para explicarle por qué se negaba a pagar su parte del geriátrico de mi abuela, le recordó que esta los había abandonado y le contó, además, otros eventos que ella desconocía. Mi madre me repitió la historia solo después de que su madre muriera, algunos meses más tarde. ¿Se sintió liberada al entregarme, de una sola vez, todo lo que nos había ocultado sobre su infancia y lo que acababa de saber sobre su propia madre? Pensé en esa extraña mujer que había sido mi abuela. A pesar de su amabilidad, había una dureza que se leía en su mirada, que la entonación de su voz a veces dejaba traslucir. Probablemente nunca había olvidado ese día de espanto, los gritos, los golpes, quizá. Y las semanas que siguieron, el tiempo que su cabello tardó en volver a crecer. Que los vecinos dejaran de pensar en ello y que ese drama se redujera a un rumor que resurgiera, de tanto en tanto, cuando se la mencionara en una conversación. Le gustaba «la juerga». Lo que, si traduzco en forma correcta la expresión que mi madre usó para describirla, significa que quería ser una mujer libre, que le gustaba salir de noche, que se entregaba a los placeres, a la sexualidad y que pasaba de un hombre a otro sin demasiada intención de encariñarse con ellos o de establecerse por mucho tiempo. Probablemente, para ella sus hijos eran un engorro y la maternidad era el destino que le tocó más que una elección de vida. En esa época no existían los anticonceptivos y el aborto podía llevar a la cárcel. Que fue lo que le sucedió después de la guerra: la condenaron a prisión por haber abortado. ¿Cuánto tiempo estuvo encerrada? No lo sé. Mi madre no lo sabe. Sin lugar a dudas, los hombres podían vivir su sexualidad como mejor les pareciera. Las mujeres, no. Es posible que en el ambiente obrero existiera cierta libertad sexual o, en todo caso, libertad respecto de las reglas de la moral burguesa, lo que justamente llevaba a los defensores de dicha moral a denunciar las vidas disolutas de aquellos a quienes les gustaba vivir de manera diferente. Para las mujeres, esa elección de vida conllevaba muchos riesgos.

¿Qué pasó después del armisticio, en 1940, con la región ocupada por el ejército alemán? Mi abuela, que tenía veintisiete años, no solo fue a trabajar a Alemania voluntariamente, sino que después la acusaron de haber tenido una relación —¿es cierto, es falso?— con un oficial alemán... Trato de imaginármelo: el deseo de sobrevivir, de tener algo que comer, de evitar la miseria y las dificultades para conseguir provisiones. ¿Quién

era ese soldado enemigo? ¿Estuvo enamorada de él? ¿O simplemente quiso asegurarse una vida mejor que la que había
tenido hasta ese momento? Las explicaciones no son excluyen-
tes. ¿Cómo decidió abandonar al mismo tiempo a sus hijos y
a su pareja? Nunca tendré respuesta a estas preguntas. Como
tampoco sabré lo que sintió cuando debió sufrir las consecuencias de sus elecciones y se asemejó a la «víctima», «con el ves-
tido destrozado» del que Éluard se compadece en un célebre
poema de tristeza y «remordimientos», esa «desgraciada que
quedó sobre la calle», «desprestigiada, desfigurada».[2]

2

Con la Liberación, entonces, mi abuela conoció la suerte re-
servada a las que no habían medido el alcance y las consecuencias de sus actos. ¿Estaba sola en ese momento que para
ella debió de haber durado una «eternidad», cuando la some-
tieron a esa «justicia precipitada e imbécil», según las palabras
de Duras en *Hiroshima mon amour,* a ese «absoluto de horror
y estupidez»?[1] ¿O bien sucedió durante uno de esos castigos
colectivos, cuyas imágenes se intercalan, a veces, en los docu-
mentales sobre el fin de la guerra y en el que se ve a grupos
de mujeres obligadas a desfilar bajo las pullas, los insultos y
los escupitajos de la multitud? No lo sé, mi madre no me
contó más que eso. Me dijo que no sabía nada más. Solo esos
hechos brutos y brutales: su hermano le contó que la habían
rapado. Después de los tiempos de derrota y de la Ocupación,
la nación se regeneraba con fuerza viril castigando a las
mujeres y sus licencias sexuales, reales o pretendidas, y reafirmando el poder de los hombres sobre ellas.[2] Desde ese
entonces, cada vez que me encontré con fotos que represen-
taran una de esas escenas de humillación —cuando sabemos,
por ejemplo, que tantos colaboradores de alto nivel, en tantos
medios burgueses, nunca fueron objeto ni de oprobio, ni de
expulsión, ni de la violencia de la vindicta pública—, no puedo evitar buscar si dice dónde fue tomado el negativo y preguntarme: ¿quizá mi abuela es una de ellas? ¿Una de esas

caras aterradas, una de esas miradas horrorizadas puede ser la suya? ¿Cómo logró olvidarlo? ¿Cuánto tiempo le llevó «salir de la eternidad» (otra vez Duras)? Por supuesto, habría preferido enterarme de que había estado en la Resistencia, de que había escondido judíos cuya vida peligraba o, simplemente, que había saboteado piezas en la fábrica en la que trabajaba, o cualquier otra cosa que fuera causa de orgullo. Uno siempre sueña con tener una familia gloriosa, sea cual fuere el título de gloria. Pero el pasado no se puede cambiar. Como mucho, uno puede preguntarse: ¿cómo podemos manejar nuestra relación con una historia que nos avergüenza? ¿Cómo arreglárnoslas con esos horrores de antaño cuando no podemos escapar al hecho de que estamos inscritos, a nuestro pesar y a pesar de todo, en esa genealogía? Podría ponerme a imaginar que, para mí, eso no cuenta, porque lo sé desde hace poco tiempo (¿cómo la habría mirado si lo hubiera sabido? ¿Me habría animado a hablarle de eso? Aún hoy me oprime la emoción cuando me hago estas preguntas). Pero toda esta secuencia —que mi abuela abandonara a sus hijos, su viaje a Alemania, etc.— tuvo tanta influencia en la vida de mi madre y en la manera en la que se formaron su personalidad y su subjetividad, que me es imposible no concluir que, en consecuencia, también tuvo una gran influencia en mi juventud y lo que vendría después.

Así pues, mi madre no siguió estudiando, algo que todavía la hace sufrir. «Es a causa de la maldición que lanzaron contra mi madre y contra mí», propone, para explicar tanta desgracia, tanto dolor. Durante toda su vida cargó con ese drama personal: podría haberse convertido en algo más de lo que el destino le deparaba, pero la guerra había roto sus sueños de niña. Sabiéndose inteligente, nunca logró admitir esa injusticia. Una de las principales consecuencias de esa fatalidad fue que no pudo aspirar a «encontrar a alguien mejor» que mi padre. Pero las leyes de la endogamia social son tan fuertes como las de la reproducción escolar. Y están estrechamente vinculadas con estas, algo de lo que ella era perfectamente consciente. Nunca dejó de pensar —hasta el día de hoy— que habría podido convertirse en una «intelectual» y conocer a «alguien más inteligente». Pero era empleada doméstica y conoció a un obrero que tampoco había tenido la posibilidad de seguir estudiando y que, además, no tenía la mente muy abierta.

Se casó cuando tenía veinte años, en 1950, con el joven que sería mi padre. En los años siguientes tuvieron dos hijos: mi hermano mayor y yo. Vivíamos en una situación de extrema pobreza, por no decir casi miseria. Para no agravar las cosas, mi madre decidió no tener más hijos y no tuvo más recurso que abortar, varias veces, creo. Se trataba, por supuesto, de abortos clandestinos y, por consiguiente, peligrosos en todos los aspectos, tanto sanitarios como judiciales (recuerdo un día en que mis padres fueron a una ciudad de los suburbios parisinos, Juvisy-sur-Orge, la atmósfera de misterio que rodeó los preparativos del viaje y el viaje en sí mismo, la inquietud que podía leerse en el rostro de mi madre, el silencio de mi padre. Cuando llegamos a París, nos dejaron, a mi hermano y a mí, en casa de mi abuela. Volvieron varias horas más tarde y mi madre le contó a mi abuela, en voz baja y de manera elíptica, que todo había salido bien. Mi hermano y yo aún éramos muy pequeños, pero extrañamente sabíamos de qué se trataba. ¿O en realidad me dio la impresión de haberlo sabido siempre después de haberlo comprendido más adelante, repasando mentalmente las imágenes de ese momento?). Sin embargo, mis padres tendrían otros dos hijos, más tarde, ocho y catorce años después de que yo naciera.

Al poco tiempo de casados, mi madre ya no sentía por su marido más que un sentimiento de constante hostilidad, que expresaba mediante fuertes gritos y, a veces, mediante el ruido de puertas que se golpeaban o el estruendo de la vajilla contra el piso, durante sus frecuentes peleas, pero que se manifestaba, aún más profundamente, en cada instante, o casi, de su vida en común. Su relación se asemejaba a una larga e incesante pelea doméstica, parecían incapaces de dirigirse la palabra si no era insultándose de la manera más malvada e hiriente posible. Muchas veces ella quiso divorciarse. Entonces iba a consultar a un abogado, quien la exhortaba a no irse de la casa antes del fallo judicial, pues se trataría de una falta («abandono del domicilio conyugal») y perdería la custodia de sus hijos. Temía la reacción violenta de mi padre en el momento en que le pidiera el divorcio y la «vida infernal» que le haría soportar durante los meses (años, quizá) que llevaría un proceso que se anunciaba largo y costoso. También temía no poder «salir adelante» sola y entonces, para evitar que sus «chicuelos» se vieran «privados» de lo que fuera, terminaba renunciando a la idea. Su rutina se reanudaba: las escenas, los gritos, los intercambios de injurias continuaban como antes. Detestar al otro erigido en modo de vida. El opuesto de lo que Stanley Cavell denomina la «pareja conversacional», o, en todo caso, una extraña y muy triste versión de ese modelo.

Sin embargo, habría que evitar que una mirada inspirada demasiado unívocamente por un marco de pensamiento feminista ocultara una parte de la realidad (el feminismo, que permite ver y entender muchas cosas, podría convertirse entonces en una suerte de obstáculo epistemológico). Mi madre era bastante violenta, quizá más que mi padre, en realidad, y en la única confrontación en que, a mi entender, se enfrentaron físicamente, fue ella quien lo lastimó, al lanzarle el brazo de la batidora eléctrica con la que estaba preparando una sopa: el golpe fue tal que le quebró dos costillas. Por cierto, está bastante orgullosa de esa hazaña guerrera, ya que me la contó como se cuenta una proeza deportiva. A sus ojos, es una prueba de que nunca había estado dispuesta a dejarse pasar por encima. Pero cualesquiera fueran las razones y los errores de uno u otro, esa atmósfera era densa, difícil en el día a día, insoportable, incluso. Ese clima de guerra conyugal, las escenas iterativas de enfrentamientos verbales, los alaridos, esa locura de a dos con los hijos como testigos probablemente tuvieron mucho que ver con lo que determinó mi voluntad de huir de mi entorno y mi familia (durante largo tiempo me horrorizaba la propia idea de una familia, una pareja, la conyugalidad, un vínculo duradero, una vida común).

Fue gracias a ella que pude ir al liceo y cursar una carrera. Nunca lo expresó muy directamente, pero creo que me percibía como el hijo al que podría ayudar a aprovechar una oportunidad que ella no había tenido. Su sueño frustrado se realizaba a través de mí. Pero, al mismo tiempo, despertaba, en lo más profundo de su alma, un sinfín de antiguas tristezas y rencores acumulados. Poco tiempo después de empezar sexto,[3] aprendimos en la clase de inglés un villancico de Navidad. Al volver a casa (tenía once años), le dije a mi madre: «He aprendido un poema», y comencé a recitárselo. Todavía lo recuerdo: «I wish you a merry Christmas, a horse and a gig, and a good fat pig, to kill next year». Su cólera, su furor, estalló antes de que lo hubiese terminado. ¿Creyó que quería burlarme de ella? ¿«Rebajarla»? ¿Que quería mostrar una superioridad que me habrían dado esos primeros meses de enseñanza secundaria? Se puso a gritar como una loca: «Sabes que no entiendo inglés... ¡Me lo vas a traducir inmediatamente!». Lo traduje. Era breve y su crisis de histeria solo duró unos instantes. Desde ese momento fui consciente de que se había creado una brecha —que por supuesto no haría más que amplificarse— entre el exterior de la casa familiar, representado por el liceo, el estudio, lo que aprendía, y el espacio interior del hogar.

Toda la frustración que mi madre sentía por no haber podido seguir estudiando se había expresado a través de ese estallido de rabia. Eso se repitió frecuentemente, bajo diferentes formas. Un simple comentario crítico, la expresión de un desacuerdo eran suficientes para ganarme respuestas como «que vayas al liceo no quiere decir que estés por encima de nosotros», o «¿quién te crees que eres? ¿Piensas que vales más que nosotros?». Cuántas veces me recordó que yo no era «el rey de Prusia». Pero la idea que salía con más frecuencia de su boca consistía simplemente en recordarme que ella había sido privada de aquello a lo que yo tenía acceso: «Yo nunca pude» o «yo nunca tuve». No obstante, a diferencia de mi padre, que invocaba sin cesar todo lo que no «le tocó» para sorprenderse de que sus hijos pudieran acceder a ello —y a veces intentar impedirlo—, mi madre dejaba hablar a su resentimiento como una manera de admitir que se me abrirían perspectivas que para ella siempre habían estado cerradas, o que se habían cerrado apenas entreabiertas. Para ella era importante que yo fuera plenamente consciente de la suerte que tenía. Cuando decía: «Yo nunca tuve», quería decir, ante todo: «Tú tienes. Y debes saber lo que eso representa».

¡Qué desengaño se llevó cuando intentó volver a estudiar! Había leído un anuncio en el periódico regional: se acababa de abrir una escuela privada —estafadores, probablemente, o al menos gente sin escrúpulos— que dictaría cursos de informática para adultos deseosos de cambiar de carrera y de profesión. Se inscribió, gastó mucho dinero asistiendo, varias noches por semana, después de su horario de trabajo, a unas clases en las que rápidamente comprendió que no entendía nada, o casi nada. Se obstinó. Persistió. Durante semanas repitió que no abandonaría, que lograría alcanzar el nivel. Luego, se rindió a la evidencia y se declaró vencida. Renunció. Con amargura, contrariada. Su última oportunidad se había evaporado.

Después de ser empleada doméstica por mucho tiempo, dejó de trabajar cuando nació mi hermano más pequeño, en 1967. Esto no duró demasiado: impelida por las limitaciones económicas, debió buscar empleo e ir a deslomarse ocho horas al día en una fábrica —trabajé allí durante un mes en las vacaciones de verano, cuando terminé el liceo, y pude constatar cuál era la realidad de un «oficio» como ese— para que yo pudiera asistir a las clases sobre Montaigne y Balzac en el liceo o, ya en la universidad, para que pudiera quedarme encerrado durante horas en mi habitación descifrando a Aristóteles o Kant. Mientras ella dormía durante la noche para levantarse a las cuatro de la mañana, yo leía hasta el alba a Marx y Trotski; más adelante, a Beauvoir y Genet. Sobre esto, no puedo más que remitirme a la simplicidad con la que Annie Ernaux expresa, acerca de su madre, que atendía un pequeño colmado, la brutalidad de esa verdad: «Yo estaba segura tanto de su amor como de esta injusticia: ella servía patatas y leche de la mañana hasta la noche para que yo pudiese sentarme en un anfiteatro a que me hablaran de Platón».[4] Cuando la veo hoy, con el cuerpo tullido por los dolores causados por la dureza de las tareas que debió realizar durante casi quince años, tapando frascos de vidrio en una cadena de montaje, de pie, con el derecho de que la reemplazaran diez minutos a la mañana y otros diez a la tarde para ir al baño, me golpea de frente lo que la desigualdad social significa concretamente, físicamente. E incluso la propia palabra «desigualdad» me parece un eufemismo que le quita el carácter de realidad a lo que realmente es: la violencia desnuda de la explotación. El cuerpo de una obrera, cuando envejece, muestra, ante todas las miradas, la verdad de la existencia de las clases. En esa fábrica, el ritmo de trabajo era apenas imaginable, como en cualquier otra fábrica, por cierto: un día, un supervisor había cronometrado a una obrera durante algunos minutos y eso había determinado el número mínimo de frascos que había que «hacer» por hora. Era disparatado, casi inhumano. Pero como una buena parte de su salario estaba constituido por premios, cuya obtención dependía del total diario, mi madre me contó que ella misma y sus colegas llegaban a duplicar la cantidad requerida. A la noche, llegaba a casa rendida, «hecha polvo», como decía, pero contenta de haber ganado durante el día lo suficiente para permitirnos vivir decentemente. No alcanzo a comprender por qué y cómo la dureza del trabajo y los eslóganes que servían para denunciarla —«Basta de ritmos infernales»— han podido desaparecer de los discursos de la izquierda y de su propia percepción del mundo social, cuando lo que está en juego son las realidades más concretas de las existencias individuales: la salud, por ejemplo.

A decir verdad, en aquella época, esa disciplina implacable que rige el mundo del trabajo en las fábricas casi no me preocupaba, si no era de manera abstracta: estaba demasiado fascinado por el descubrimiento de la cultura, la literatura, la filosofía, como para inquietarme por las condiciones que posibilitaban mi acceso a ellas. Por el contrario: estaba muy resentido contra mis padres por ser quienes eran y no los interlocutores que hubiese soñado tener o los que algunos de mis compañeros de estudios encontraban en sus padres. Aunque fui el primero de mi familia en tomar el camino ascendente, fui poco proclive, de adolescente, a querer comprender quiénes eran mis padres y, mucho menos, a intentar reapropiarme políticamente de la verdad de su existencia. Y, si bien era marxista, debo confesar que el marxismo al que me adherí durante mis años de estudiante, al igual que mi compromiso con la izquierda, quizá no eran más que una manera de idealizar a la clase obrera, de transformarla en una entidad mítica frente a la cual la vida de mis padres me parecía extremadamente condenable. Ellos deseaban con ardor poseer todos los bienes de consumo corrientes y yo veía, en la triste realidad de su existencia cotidiana, en sus aspiraciones a una comodidad que les había estado vedada por tanto tiempo, el signo a la vez de su «alienación» social y de su «aburguesamiento». Eran obreros, habían conocido la miseria y, como a todos en mi familia, como a todos los vecinos, como a toda la gente que conocíamos, los movía el deseo de poseer todo lo que hasta ese momento les había sido negado y todo lo que les había sido negado a sus padres antes que a ellos. Apenas pudieron, compraron, multiplicando los créditos, todo aquello con lo que soñaban: un coche usado y luego un coche nuevo, una televisión, muebles que encargaban por catálogo (una mesa de formica para la cocina, un sillón de escay para la sala, etc.). Me afligía verlos permanentemente impulsados por la búsqueda del bienestar material e incluso por la envidia —«¡y por qué nosotros no podemos tener eso también!»— y constatar que quizá eran ese deseo y esa envidia los que habían regido, incluso, sus elecciones políticas, aunque ellos no establecieran un vínculo directo entre ambos registros. En mi familia, a todos les gustaba jactarse del precio que había costado tal o cual objeto, pues eso mostraba que uno no estaba necesitado, que había logrado salir adelante. Este gusto pronunciado por el alarde numérico estaba cargado de sentimientos de orgullo y honor. Claramente no se correspondía con los grandes relatos del «movimiento obrero» que atiborraban mi cabeza. Pero ¿qué tipo de relato político no tiene en cuenta quiénes son realmente aquellos cuyas vidas interpreta y que conduce a que se condene a los individuos de los que habla porque no se encuadran en esa ficción construida? En todo caso, es un relato que conviene cambiar para deshacer su unidad, su simplicidad, e integrar en él la complejidad y las contradicciones. Y reintroducir el tiempo histórico. La clase obrera cambia, no sigue siendo igual a sí misma y, seguramente, la de los años sesenta y setenta ya no era la misma que la

de las décadas de 1930 o 1950: una misma posición en el
campo social no necesariamente comprende las mismas realidades ni las mismas aspiraciones.[5] Recientemente, mi madre
me recordó, con mucha ironía, que yo no dejaba de repro-
charles que eran «burgueses» («decías muchas tonterías como
esa, espero que al menos te hayas dado cuenta», agregó). En
el fondo, para la mirada que tenía en esa época, mis padres trai-
cionaban lo que tendrían que haber seguido siendo, mientras
el desprecio que sentía hacia ellos no expresaba nada más que
mi voluntad de no parecérmeles en nada. Y aún menos, parecerme a lo que hubiese querido que fueran. Para mí, el
«proletariado» era un concepto libresco, una idea abstracta.
Y mis padres no encajaban en ella. Si bien disfrutaba y me
complacía lamentando la distancia que separaba la clase «en
sí misma» de la clase «para sí misma», el «trabajador alienado»
de la «conciencia de clase», lo cierto es que ese juicio político
«revolucionario» me servía para ocultar el juicio social que
hacía sobre mis padres, mi familia y mi deseo de escapar de
su mundo. Así, el marxismo de mi juventud constituyó, en lo
que me concierne, el vector de una desidentificación social:
exaltaba la «clase obrera» para poder alejarme aún más de los
obreros reales. Leyendo a Marx y Trotski, creía estar a la
vanguardia del pueblo. Pero en realidad estaba entrando en
el mundo de los privilegiados, en su temporalidad, en su modo
de subjetivación: el de los que disponen del tiempo para leer
a Marx y Trotski. Me apasionaba el Sartre que escribía sobre
la clase obrera, pero detestaba la clase obrera en la que estaba
inserto, el ambiente obrero que delimitaba mi horizonte. In-
teresarme por Marx, por Sartre, era la manera que tenía para
salir de ese mundo, del mundo de mis padres, imaginando,
por supuesto, que era más lúcido que ellos sobre sus propias
vidas. Mi padre lo tenía muy claro: un día en que me vio leyendo *Le Monde* —uno de los signos mediante los cuales
anunciaba permanentemente que estaba muy interesado por

la política— y, sin saber cómo expresar su hostilidad hacia ese diario del que percibía que no estaba destinado a gente como él e incluso al que presentía como un órgano de la burguesía —¡era más entendido que yo!—, me declaró, con la voz cargada de cólera: «Lo que estás leyendo es un diario de curas». Antes de levantarse, sin hacer ningún otro comentario, y abandonar la sala.

Mi madre no entendía bien qué me pasaba ni qué hacía. Había entrado en otro mundo en el que todo parecía lejano, extraño. Además, casi nunca le hablaba de lo que me interesaba, ya que no sabía quiénes eran esos autores que me apasionaban. Un día, cuando tenía quince o dieciséis años, tomó entre sus manos una novela de Sartre que estaba apoyada en mi escritorio y arriesgó un comentario: «Me parece que es muy cruda». Había oído esa opinión de los labios de una señora en cuya casa había hecho la limpieza —una burguesa para quien Sartre debía de ser un autor escabroso— y la repetía inocentemente, para demostrarme, quizá, que al menos conocía el nombre de uno de los autores que yo leía.

Una cosa es cierta: yo no correspondía a la imagen que ella se había formado de alguien que «estudia». Mientras estaba en el liceo, milité en una organización de extrema izquierda, lo que ocupaba una buena parte de mi tiempo. El rector llegó a convocar a mi padre para describirle mis actividades de «propaganda» en las puertas y dentro del centro. Esa noche, en casa hubo un verdadero psicodrama y me amenazaron con «sacarme» del colegio. Mi madre temía que suspendiera el *bac*,[6] pero, sobre todo, a ambos les resultaba muy difícil aceptar que no dedicara todo mi tiempo a estudiar, cuando ellos se mataban trabajando precisamente para que yo pudiera hacerlo. Era algo que los indignaba, los sublevaba. Me intimaron a elegir: o dejaba la política, o dejaba la escuela. Les dije que prefería dejar el colegio y no se habló más del tema. En el fondo, mi madre deseaba que siguiera estudiando.

En la universidad, actuaba aún más contrariamente a sus representaciones. Que eligiera la filosofía debe haberles parecido descabellado. Cuando se lo anuncié a mi madre, quedó estupefacta. Hubiese preferido que me inscribiera en inglés o español (la medicina y el derecho no entraban en sus horizontes ni en los míos, pero orientarme a las lenguas constituía, quizá, la mejor manera de asegurarme el porvenir como profesor de liceo). Sobre todo, percibía que un abismo se abría entre nosotros. No podía entender en quién me había convertido y afirmaba frecuentemente que yo era «excéntrico». En efecto, yo debía de parecerle extraño, raro... Poco a poco iba ubicándome cada vez más por fuera de lo que, en su opinión, constituía el mundo normal, la vida normal. «No es normal que» es una frase que ella y mi padre pronunciaban a menudo cuando hablaban de mí.

«No es normal», «extraño», «raro»... Sin embargo, esas palabras no encerraban ninguna alusión sexual, directa o explícita, aunque, evidentemente, la percepción que tenían de mí estaba relacionada con el estilo que había adoptado, la imagen que quería dar de mí mismo —me había dejado el pelo muy largo, lo que provocó la furia de mi padre durante años («¡ve a cortarte el cabello!», repetía, golpeando la mesa con el puño)—, en los que sin duda ya se leía la disidencia sexual que reivindicaría poco después. Mi madre tardó varios años en descubrir que yo pertenecía a esa categoría que nunca logró designar de otra manera que no fuera con la expresión «la gente como tú». Su deseo de alejar todo vocabulario despectivo y su incertidumbre sobre el tema le impedían emplear cualquier palabra y le imponían esta torpe perífrasis. Hace poco tiempo, mirando una foto en su casa, le pregunté quiénes eran los tres jóvenes retratados, a lo que me respondió: «Son los hijos de B.», es decir, la pareja de mi hermano mayor. Y agregó: «El del medio es D.; él es como tú». Al principio no entendí lo que había querido decir, pero agregó: «Cuando le anunció a su madre que era..., bueno..., me entiendes..., que era como tú..., ella lo echó de casa... Fue tu hermano el que la hizo cambiar de opinión diciéndole que, con esa actitud, él no podría recibir a su propio hermano en su casa...». Esa actitud de mi hermano me sorprendió (en el pasado había sido menos tolerante y, evidentemente, había hecho un gran cambio en ese sentido). Pero, de hecho, nunca me recibe en su casa: porque nunca intenté ir, porque nunca tuve ganas de ir... Y, como todo este libro se esfuerza por demostrar, eso se explica tanto por su identidad social como por mi identidad sexual; o más por la primera que por la segunda. Desde el momento en que él aceptó lo que soy, si no intenté restablecer el contacto es porque no me siento cómodo con lo que él es. Y, por lo tanto, debo admitir que la responsabilidad de que no nos veamos recae más en mí que en él. La historia no se borra con facilidad. Difícilmente trayectorias tan divergentes vuelven a cruzarse.

Pero es probable que esto también demuestre cuán cierto es que la familia, como demostró Bourdieu, no es un elemento estable, sino un conjunto de estrategias: si mis hermanos hubiesen sido abogados, universitarios, periodistas, funcionarios, artistas, escritores, etc., habría mantenido el contacto, aunque fuese a distancia, y, en todo caso, los habría reivindicado como hermanos míos y asumido como tales. Eso vale para mis tíos, primos, sobrinos... Si el capital social del que uno dispone está constituido principalmente por el conjunto de relaciones familiares que uno mantiene y cultiva, podría decir que mi trayectoria —y las rupturas que trajo aparejadas— no solo me confería la ausencia de capital social, sino incluso un capital negativo: se trataba de anular los vínculos antes que mantenerlos. Lejos de afirmar que primos lejanos eran primos míos, como sucede en las familias burguesas, yo tendía a borrar a mis propios hermanos de mi vida. Así, no podía y no podría contar con nadie que me ayudara a avanzar por los caminos que tomaría y a vencer las dificultades que encontraría en ellos.

Cuando tenía dieciocho o veinte años, mi madre todavía no me percibía como esa «gente como tú»; no obstante, me veía cambiar con un sentimiento creciente de extrañeza. La desconcertaba. Y a mí me preocupaba muy poco, pues ya me había desligado ampliamente de ella, de ellos, de su mundo.

Después de casarse, en 1950, mi padre y mi madre alquilaron una habitación amueblada. En esa época, no era fácil conseguir un lugar para vivir en Reims, y fue allí donde pasaron los primeros años de su vida en común. Trajeron dos niños al mundo: mi hermano mayor y yo. Mi abuelo nos fabricó una cama de madera en la que dormíamos los dos, pies contra cabeza. Vivimos en esa habitación hasta que mis padres lograron que un organismo social les otorgara una casa en un barrio obrero recién construido, en el otro extremo de la ciudad. La palabra «casa» no es exacta: se trataba de un cubo de cemento, pegado a otros cubos de cemento, ubicados a los lados de un camino, paralelo a otros caminos idénticos. Todas esas viviendas estaban compuestas por un ambiente principal y una habitación (que ocupamos los cuatro, igual que antes) dispuestos en una única planta. No había cuarto de baño, pero había agua corriente y un fregadero en el ambiente más grande, que se utilizaba tanto para la cocina como para el aseo diario. Durante el invierno, la estufa de carbón calentaba ambos ambientes a duras penas y estábamos constantemente congelados de frío. Algunos metros cuadrados de jardín adornaban el conjunto con un toque de verde y mi padre, a fuerza de paciencia, lograba cultivar algunas verduras.

¿Conservé alguna imagen de esa época? Son escasas, borrosas, inciertas. Salvo una de ellas, precisa y obsesiva: mi padre, que había regresado completamente borracho después de haber desaparecido durante dos o tres días («todos los viernes por la noche, después de una semana de trabajo, se iba de juerga a los bares y muchas veces no volvía a dormir», me contó mi madre), se ubicó en un lado de la habitación y, tomando de una en una las botellas que tenía a mano —leche, aceite, vino—, las hizo estallar lanzándolas contra la pared de enfrente. Mi hermano y yo llorábamos, acurrucados contra mi madre, que simplemente repetía, con una mezcla de cólera y desesperación: «Al menos ten cuidado con los chicos». Poco después de la muerte de mi padre, le recordé a mi madre esta escena, entre otras, para explicarle por qué no había querido asistir a sus exequias. Ella se sorprendió: «¿Te acuerdas de eso? Pero si eras muy pequeño». Sí, me acordaba. Siempre. Ese recuerdo nunca me había abandonado. Como la huella imborrable de un trauma de infancia relacionado con una «escena primitiva», que sería mejor no comprender en términos psicológicos o psicoanalíticos. Pues apenas se permite que se instaure el reino de Edipo, la mirada sobre los procesos de subjetivación se desocializa y despolitiza: un teatro familiarista reemplaza lo que en realidad depende de la historia y geografía (urbana), es decir, de la vida de las clases sociales. No se trató de un debilitamiento de la *imago* paterna, ni de un fracaso de la identificación con el Padre —real o simbólico—, ni ninguno de los dos esquemas interpretativos que el pensamiento-reflejo del lacanismo de base invocará para descubrir —después de haberla puesto allí, por supuesto— la «llave» de mi homosexualidad. No, realmente no se trató de nada que las nociones fabricadas por la ideología del psicoanálisis y machacadas, balbuceadas, por sus propagadores estuvieran en condiciones de analizar.[1] Se trató más bien de lo que podría señalarse como un estadio del espejo social, durante el cual tiene lugar una toma de conciencia de sí mismo y de pertenencia a un medio en el que se despliega cierto tipo de comportamientos y prácticas; una escena de interpelación social —y no psíquica o ideológica— a través del descubrimiento de la situación sociológica de clase que asigna un lugar y una identidad; un reconocimiento de sí mismo como lo que uno es y será por medio de una imagen que nos envía el otro en quien debemos convertirnos... Esto instaló en mi interior una voluntad paciente y obstinada de contradecir el porvenir que estaba prometido y, al mismo tiempo, la huella de mi origen social, grabada para siempre en mi mente, una suerte de «recuerda de dónde vienes» que ninguna transformación ulterior de mi ser, ningún aprendizaje cultural, ninguna máscara ni ningún subterfugio logró borrar. Al menos, es el significado que puedo darle retrospectivamente a ese momento de mi pasado más lejano, aun sabiendo que se trata de una reconstrucción, como, por otra parte, lo sería cualquier otra interpretación, en particular la que propondría un enfoque psicoanalítico. Así, el proceso de pertenencia y transformación de uno mismo, la construcción de la identidad y el rechazo de esta, siempre me parecieron estar atados el uno con el otro, imbricados uno en el otro, combatiéndose y limitándose el uno al otro. La identificación social primaria (el reconocimiento de sí mismo como uno mismo) fue trabajada, en un principio, por medio de la desidentificación, la cual se alimentó incesantemente con la identidad rechazada.

Siempre le reproché a mi padre haber sido ese hombre, esa suerte de encarnación de cierto mundo obrero que quienes nunca pertenecieron a ese ambiente ni vivieron ese pasado solo pueden encontrar en las películas o las novelas: «Era como de Émile Zola», me dijo mi madre, que nunca leyó una sola de sus líneas. Y quienes pertenecieron a ese mundo y vivieron ese pasado se sienten incómodos de asumirlos y reivindicarlos como propios. Soy plenamente consciente de que todo en la manera como escribo supone —tanto por mi parte como por parte de quienes me leen— una exterioridad socialmente situada de los medios y de la gente que sigue viviendo el tipo de vida que intento describir en este libro y que sé que es muy poco probable que lo lean. Pocas veces se habla de los medios obreros, pero cuando alguien lo hace en general es para decir que logró salir o que está feliz por haber salido de allí. Así, vuelve a instalarse la ilegitimidad social de aquellos de quienes se habla cuando se quiere hablar de ellos, precisamente para denunciar —pero con una distancia crítica necesaria y, por ende, con una mirada evaluadora y juzgadora— el estatuto de ilegitimidad social al que se los relega una y otra vez.

En el fondo, lo que me horrorizaba no era tanto la persona que había efectuado esos gestos, sino el escenario social en el que esos gestos eran posibles. El lanzamiento de botellas probablemente no duró más que unos minutos, pero me marcó, creo, con un sentimiento de repulsión por esa miseria, el rechazo del destino que me estaba designado y la herida secreta, pero siempre viva, de tener que cargar por siempre con ese recuerdo. Por lo demás, episodios como ese no eran infrecuentes. Yo debía de tener cuatro o cinco años, así que mi padre debía de tener veintisiete o veintiocho. Le costaba despegarse de cierta forma de sociabilidad obrera (masculina, al menos) que solo había descubierto con la adultez: las salidas y las borracheras con amigos, el bar después de la jornada laboral. Y como podía suceder que no volviera durante varios días, es probable que no se privara de terminar la noche en la cama de otra mujer. Se había casado a los veintiún años y tres años más tarde ya tenía dos hijos. Probablemente tenía ganas de escapar de vez en cuando de las restricciones de la vida conyugal y la paternidad y vivir en diferido los placeres de una juventud libre. Me imagino que quería poder disfrutar por fin de lo que durante su adolescencia le había estado prohibido por su situación familiar y las cargas que pesaban sobre sus hombros. Había pasado directamente de tener la responsabilidad de una familia como hijo mayor a la de otra como marido y padre, lo cual debía de ser difícil de aceptar. Y debía costarle mucho admitir que, en adelante y por siempre, su vida estaría condicionada por las obligaciones de la vida familiar. La conducta desviada (expresión cuya connotación negativa no da cuenta de la compleja totalidad de lo que designa) también debe entenderse como la manera de darse un poco de oxígeno (y de placer). Por supuesto, habría sido imposible, impensable, que mi madre, que debía ocuparse de los niños, tuviera un comportamiento análogo. Por otra parte, mi padre nunca hubiera tolerado que ella frecuentara los cafés, y ni hablar de no volver a dormir (la habría matado —¡después de romper toda la casa!—).

Cuando uno es hijo de obreros, la pertenencia de clase se siente en el cuerpo. Mientras escribía mi libro sobre la revolución conservadora, tomé prestados de la biblioteca algunos volúmenes de Raymond Aron, ya que era la persona a quien reivindicaban —con toda lógica, por cierto— los ideólogos que, durante los años ochenta y noventa, intentaron imponer la hegemonía de un pensamiento de derechas en la vida intelectual francesa. Recorriendo algunas muestras de la prosa sin relieve ni brillo de ese profesor sentencioso y superficial, me topé con esta frase: «Si intento recordar mi "conciencia de clase" antes de mi educación en sociología, apenas lo logro sin que el intervalo de los años me parezca causa de la indistinción del objeto; dicho de otro modo, no creo que esté demostrado que cada miembro de una sociedad moderna tenga conciencia de que pertenece a un grupo netamente definido, dentro de la sociedad global y bautizado "clase". La realidad objetiva de los grupos estratificados es incontestable, la de las clases conscientes de sí mismas no lo es».[2] Me parece incuestionable la afirmación de que la ausencia de sentimiento de pertenencia a una clase caracteriza las infancias burguesas. Los dominantes no perciben que están inscritos en un mundo particular, situado (del mismo modo en que un blanco no es consciente de ser blanco y un heterosexual de ser heterosexual). Este comentario se muestra, entonces, como lo que es: una confesión ingenua pronunciada por un privilegiado que cree estar haciendo sociología cuando en realidad no hace más que describir su estatuto social. Me encontré con este personaje una sola vez en mi vida. Me inspiró una repulsión inmediata. Desde el mismo instante en que lo vi, detesté su sonrisa zalamera, su voz melosa, la manera que tenía de mostrar su carácter reflexivo y racional, lo que en el fondo solo expresaba su *ethos* burgués del decoro y la moderación ideológica (cuando en realidad sus escritos están cargados de una violencia que aquellos contra quienes se ejerce no dejarían de percibir, si alguna vez llegaran a sus manos: alcanza con leer, entre otras cosas, ¡lo que escribía de las huelgas obreras de la década de 1950! Hablaron de su lucidez porque fue anticomunista cuando otros se perdían apoyando a la Unión Soviética. ¡Pero no! Era anticomunista porque odiaba el movimiento obrero y se había erigido en defensor ideológico y político del orden burgués, contra todo lo que podía surgir de las aspiraciones y movilizaciones de las clases populares. En el fondo, su pluma era mercenaria: un soldado enrolado al servicio de los dominantes y la dominación. Sartre tenía mil veces razón en insultarlo durante Mayo del 68. Se lo merecía con creces. Aclamemos la grandeza de Sartre, que se animó a romper con las reglas impuestas a la «discusión» académica —las cuales siempre favorecen la ortodoxia, que puede apoyarse en lo «evidente» y en el «sentido común», contra la heterodoxia y el pensamiento crítico— cuando fue necesario «insultar a los insultadores», como nos invita a hacer una bella expresión de Genet, que siempre deberíamos recordar llevar como divisa).

En lo que me concierne, siempre sentí en lo más profundo de mi ser el sentimiento de pertenencia a una clase. Lo que no significa pertenecer a una clase consciente de sí misma —se puede ser consciente de pertenecer a una clase sin que esta clase sea consciente de sí misma como clase, ni como «grupo netamente definido»—, sino a un grupo cuya realidad se constata efectivamente en las situaciones concretas de la vida cotidiana. Por ejemplo, cuando mi madre nos llevaba a mi hermano y a mí, los días que no teníamos escuela, a las casas donde trabajaba como empleada doméstica. Mientras ella trabajaba, nos quedábamos en la cocina y oíamos cómo la dueña de la casa le pedía que realizara tal o cual tarea, le hacía cumplidos y reproches (un día en que le dijeron: «Estoy muy decepcionada, no se puede confiar en usted», mi madre llegó llorando a la cocina. Quedamos estupefactos al verla en ese estado. Cuando pienso en ello —¡ah! ¡Ese tono de voz!–, aún me da asco ese mundo donde se humilla como se respira y vuelvo a sentir el odio por las relaciones de poder y las relaciones jerárquicas que me viene desde esa época). Me imagino que, en la casa de Raymond Aron, había una empleada doméstica y que, en su presencia, nunca se le ocurrió que ella tenía «conciencia de pertenecer a un grupo social» diferente del suyo; a él, que probablemente aprendía a jugar al tenis mientras ella planchaba sus camisas y limpiaba el suelo del baño bajo las órdenes de su madre; él, que se preparaba para una carrera larga en una universidad prestigiosa mientras que los hijos de ella, de la misma edad, se aprestaban para entrar a la fábrica o ya lo habían hecho. Cuando veo fotos de su juventud, de su familia, lo que se observa es el mundo burgués que se muestra completamente satisfecho de sí mismo (una satisfacción consciente de sí misma, sin lugar a dudas). ¿Y no se dio cuenta? ¿Ni siquiera retrospectivamente? ¡Qué sociólogo!

En mi niñez, mis padres eran amigos de una pareja; el hombre trabajaba en las bodegas y la mujer era portera, en un barrio chic, de un palacete en el que vivía una de las grandes familias remenses del champán. Vivían en la portería, cerca de las rejas de entrada. A veces íbamos a almorzar con ellos los domingos y yo jugaba con su hija en el patio ubicado delante del imponente edificio. Sabíamos que, más allá del tramo de escalones que daba acceso a la escalinata y a la puerta de entrada, coronada por una cristalera, existía otro mundo, del que solo teníamos unas pocas imágenes fugaces: un hermoso coche que llegaba, una persona vestida de un modo nunca antes visto... Pero sabíamos, con un saber prerreflexivo, en la inmediatez de la relación con el mundo, que había una diferencia entre «ellos» y «nosotros», entre, por un lado, quienes vivían en esa casa y los amigos que los visitaban y, por el otro, los que vivían en el dos o tres ambientes que constituía la vivienda de los porteros y los allegados que recibían los días de descanso, es decir, mis padres, mi hermano y yo. ¿Cómo hubiésemos podido no ser conscientes del hecho de que existen clases sociales, tan grande era la distancia que separaba esos dos universos entre los que mediaban algunos metros? ¿Y no saber que pertenecíamos a una de ellas? Richard Hoggart tiene razón cuando insiste en la evidencia del medio en el que uno vive cuando pertenece a las clases populares.[3] Las dificultades de la vida cotidiana la recuerdan a cada instante y también lo hace el contraste con otras condiciones de existencia. ¿Cómo no saber qué se es cuando uno ve cómo son los otros y hasta qué punto son diferentes de uno?

A principios de la década de 1960, nos mudamos a un edificio de viviendas sociales recién terminado, donde mi madre, de tanto hacer trámites, había conseguido un piso. Era un buen ejemplo, creo, de viviendas sociales implantadas en el tejido urbano, dentro de la propia ciudad: tres «monoblocs», como se decía en esa época, de cuatro pisos, en el medio de un barrio de casas individuales, ubicado entre una zona industrial y las bodegas de varias casas de champán (Taittinger, Mumm, Louis Roederer). El piso constaba de un comedor, una cocina y —¡por fin!— dos habitaciones, la de los padres y la de los niños. Otra novedad: disponíamos de un cuarto de baño. Yo iba a primaria cerca de allí. Y, todos los jueves, a catecismo, en la iglesia Sainte-Jeanne d'Arc. ¿Hay que ver en este hecho una extraña y paradójica observancia de las tradiciones religiosas en los medios populares, o una simple manera de ocupar —y hacer cuidar— a los niños los días que no tenían escuela? ¡Probablemente ambas cosas a la vez! Mis padres no eran creyentes, eran anticlericales, podría decirse. Mi padre no entraba nunca en una iglesia y, cuando había una ceremonia familiar (bautismos, matrimonios, entierros, etc.), se quedaba fuera con el resto de los hombres, mientras las mujeres se encontraban en el interior. Sin embargo, habían querido bautizarnos y luego inscribirnos en el catecismo, donde el cura, como se debe, sentaba a los niños sobre sus rodillas y les acariciaba las piernas (era la reputación que tenía en el barrio, y una vez oí como mi padre clamaba su disgusto por los clérigos y sus costumbres: «Si me llego a enterar de que me tocó a uno de mis chicos, lo hago fiambre»). Tuvimos esa educación religiosa hasta que recibimos la «comunión solemne», vestidos con un alba blanca y una enorme cruz de madera en el pecho.

En casa de mi madre encontré fotos de ese día: mi hermano y yo, bastante ridículos, con tíos y tías, primos y primas, delante de la casa de mi abuela paterna, adonde se había dirigido todo ese mundillo después de la ceremonia para un almuerzo festivo. Probablemente tales prácticas religiosas servían de pretexto o permiso para ello: los rituales religiosos, por absurdos que fueran, procuraban la ocasión de una reunión profundamente pagana y, de esta manera, cumplían una función de integración familiar, manteniendo el vínculo entre hermanos, creando un vínculo entre sus hijos —mis primos—

y reafirmando de este modo un entre sí social. Pues la homogeneidad profesional y cultural de clase siempre se mostraba absoluta, sin que nadie se hubiera apartado de ella
desde la reunión familiar previa. Probablemente, esto fue lo
que me impidió, más adelante, asistir a ese tipo de ceremonias,
en particular las bodas de mis dos hermanos menores: mi
imposibilidad de hallarme sumergido en esas formas de sociabilidad y cultura que me hubiesen incomodado terriblemente. Es decir, los rituales de sobremesa, cuando toda la
mesa silabea «¡Simone, una canción!», «¡René, una canción!»,
pues cada uno tiene la suya, cómica o melodramática, reser-
vada para esas circunstancias. Y también las mismas bromas
indecentes que se repiten año a año, los mismos bailes, las mismas tonterías que nunca se gastan, las mismas discusiones al
final de la noche, que a veces degeneraban en un comienzo
de pelea cuando remontaban a la superficie viejas querellas o
viejos litigios, relacionados, la mayoría de las veces, con sos-
pechas de adulterio...

Pocas cosas han cambiado en esta homogeneidad social de
mi familia. Cuando descubrí la casa de Muizon, pasé revista a
las fotos dispuestas por todas partes, en los muebles, en las
paredes. Le pregunté a mi madre quién era tal persona, quién
era tal otra. Era la familia ampliada: los hijos de mis hermanos,
una prima y su marido, un primo y su mujer, etc. Para cada uno
de ellos pregunté: «¿A qué se dedica?». Las respuestas dibu-
jaban una cartografía de las clases populares de hoy en día:
«Trabaja en la fábrica X o Y», «trabaja en las bodegas», «es
albañil», «es policía», «está sin trabajo»... La ascensión social
estaba encarnada en la figura de una prima tal, empleada del
servicio de recaudación de impuestos, o de una cuñada cual,
secretaria. Estamos lejos de la miseria de antaño, la que conocí en mi infancia —«no están mal», «gana bien», precisaba mi
madre después de indicar la profesión de el o la que yo había
señalado—, pero remite a la misma posición en el espacio so-

cial: toda una constelación familiar cuya situación, la inscripción relacional en el mundo de las clases, no ha cambiado.

A metros del edificio donde nos habíamos mudado, estaban construyendo una capilla de estilo romano con planos de Léonard Foujita, quien iba a decorarla con frescos murales para celebrar su conversión al cristianismo, que había tenido lugar algunos años antes en la basílica Saint-Remi. Me enteré mucho después: en casa casi no había interés por el arte y mucho menos por el arte cristiano. No la visité hasta que escribí este libro. El gusto por el arte se adquiere. Yo lo adquirí. Fue parte de la reeducación casi completa de mí mismo que debí emprender para entrar en otro mundo, otra clase social (y para poner distancia con ese mundo, esa clase social de los que provenía). El interés por lo artístico o lo literario siempre participa, consciente o inconscientemente, de una definición que lo valoriza a uno por contraposición con quienes no tienen acceso a él, una «distinción» tomada como diferencia, constitutiva de uno mismo y de la mirada que uno tiene de sí mismo con respecto a los otros (las clases «inferiores», «sin cultura»). Cuántas veces, a lo largo de mi vida ulterior de persona «culta», pude constatar, al visitar una exposición o asistir a un concierto o una ópera, hasta qué punto la gente que frecuenta las prácticas culturales más «elevadas» se siente, como resultado de esas actividades, satisfecha de sí misma e invadida por un sentimiento de superioridad que se percibe en la discreta sonrisa de la que nunca se desprenden, en la postura del cuerpo, en su manera de hablar como conocedores, de demostrar soltura, todo lo que expresa el regocijo social de corresponder a lo que se debe ser, de pertenecer al mundo privilegiado de quienes pueden vanagloriarse de apreciar las artes «refinadas». Eso es algo que siempre me intimidó y, no obstante, intenté parecerme a ellos, actuar como si hubiese nacido como ellos y demostrar su misma desenvoltura ante la situación estética.

Del mismo modo, debí reaprender a hablar: olvidar las pronunciaciones y las expresiones erróneas, los modismos regionales (no decir que una manzana es «áspera», sino que es «ácida»), corregir el acento del nordeste y, al mismo tiempo, el acento popular, adquirir un vocabulario más sofisticado, construir secuencias gramaticales más adecuadas... En suma, controlar permanentemente mi lenguaje y mi elocución. «Hablas como un libro», me decían con frecuencia en mi familia para burlarse de mis nuevas maneras, sin dejar de mostrar que tenían bien claro lo que querían decir. Como consecuencia, comencé, inversamente, a prestar mucha atención —y lo sigo haciendo hoy en día—, cuando me encontraba con esas personas cuya manera de hablar había desaprendido, a no usar giros idiomáticos demasiado complejos o inusitados en los medios populares (por ejemplo, no digo «fui a casa de», sino «fui donde»), a esforzarme por encontrar la entonación, el vocabulario, las expresiones que, si bien están relegadas en un recóndito lugar de mi memoria y ya casi no los uso, nunca olvidé. No se trata exactamente de un bilingüismo, sino de un juego entre dos niveles de lengua, dos registros sociales, en función del medio y de la situación.

Fue mientras vivíamos en ese piso cuando entré al «liceo para chicos» de la ciudad. Debo insistir en este punto: se trataba de un evento extraordinario —de hecho, una verdadera ruptura— en la historia de mi familia. En efecto, yo fui el primero que accedió a la enseñanza secundaria, aunque solo fuera al primer escalón de esta. Tenía once años y mi hermano mayor, que tenía dos años más que yo, seguía escolarizado en primaria. En esa época, coexistían ambos sistemas y el filtro escolar intervenía entonces directa y brutalmente. Al año siguiente, se convirtió en aprendiz de carnicero. Ya no quería ir a la escuela, porque se aburría y pensaba que estaba perdiendo el tiempo. Un día, mi madre vio en la puerta de una carnicería un cartel con la inscripción «Busco aprendiz» y le preguntó si le interesaba. Él respondió que sí; ella entró con él y cerraron el trato. A partir de entonces, nuestras trayectorias comenzaron a divergir. En realidad, probablemente venía de lejos. Al poco tiempo, todo nos diferenciaba, desde la manera de vestirnos o peinarnos hasta la manera de hablar o pensar. A los quince o dieciséis años, a él solo le gustaba callejear con sus amigos, jugar con ellos al fútbol, flirtear con las chicas y escuchar a Johnny Hallyday, mientras que yo prefería quedarme en casa leyendo y mis gustos se inclinaban por los Rolling Stones o Françoise Hardy —cuyo tema «Tous les garçons et les filles de mon âge» parecía haber sido escrito para evocar la soledad de los gays—, Barbara y Léo Ferré, o Bob Dylan, Donovan y Joan Baez, cantantes «intelectuales». Mi hermano encarnaba un *ethos* popular y una manera de ser y de hacer con su cuerpo que lo vinculaban con el mundo social al que pertenecíamos. Yo me fabricaba un *ethos* de alumno de liceo igual de representativo y que me alejaba de ese mundo (a los dieciséis años llevaba un Montgomery, zapatos Desert Boots de Clarks y me dejaba el pelo largo). Incluso nuestra relación con la política nos enfrentaba: a él no le interesaba para nada, mientras que yo comencé muy temprano a discurrir sobre la «lucha de clases», la «revolución permanente» y el «internacionalismo proletario».

Me sentía tremendamente incómodo cuando me preguntaban a qué se dedicaba y siempre me las arreglaba para no decir la verdad. Con cierta incredulidad y mucha ironía, fue testigo de mi transformación en joven «intelectual» (y también en joven gay, lo que evidentemente no se le escapó, aunque sus sarcasmos apuntaban a un aspecto general, un estilo que él —que tan preocupado estaba por encarnar los valores masculinos de las clases populares— percibía como «afeminado», más que a una sexualidad particular, cuyos signos precursores e inquietantes llamadas yo apenas comenzaba a percibir). Seguíamos viviendo bajo el mismo techo, esta vez en un barrio de viviendas sociales en la periferia de la ciudad, adonde nos habíamos mudado en 1967. Nuestras habitaciones —yo estaba solo en la mía, pues, como estaba en el liceo, debía estudiar; él compartía la suya con uno de nuestros hermanos menores; el más pequeño dormía en la habitación de nuestros padres— apenas estaban separadas por un estrecho pasillo, pero nosotros nos diferenciábamos cada día un poco más. Cada uno de nosotros se adhería plenamente a sus elecciones, o a lo que creíamos nuestras elecciones. En consecuencia, era inevitable que ambos nos sintiéramos avergonzados de aquello en lo que el otro se estaba convirtiendo y que la vergüenza fuera cada vez mayor. Él correspondía sin problemas y sin distancia a ese mundo que era el nuestro, a los oficios que se nos proponían, al porvenir que se dibujaba para nosotros. Yo no tardaría en sentir y cultivar el intenso sentimiento de distancia que los estudios y la homosexualidad contribuían a instalar en mi vida: no sería ni obrero, ni carnicero, sino algo diferente de aquello a lo que estaba socialmente predestinado. Él hizo el servicio militar, se casó inmediatamente después (debía de tener veintiuno o veintidós años) y enseguida tuvo dos hijos... Por mi parte, entré a la universidad a los dieciocho años, me fui de la casa de mis padres a los veinte (poco tiempo después que él) para vivir solo y libre, y anhelaba ante todo que me declararan «no apto», para no tener que ir al ejército (lo que finalmente sucedió, algunos años más tarde, ya que, después de haber gozado del periodo máximo de permiso por estudios, fingí, durante los tres días previos a la incorporación, problemas de vista y de audición que llevaron al director médico del cuartel de Vincennes a preguntarme: «¿A qué se dedica?». «Preparo la *agrégation*[4] de Filosofía», respondí. «Bueno, siga estudiando, va a ser lo mejor para todos». Yo tenía veinticinco años y me resultó muy difícil contenerme y disimular la alegría que me invadió en ese instante).

4

Durante casi treinta y cinco años, no volví a ver a ese hermano con quien había compartido mi infancia y una parte de mi adolescencia. Mientras escribo este libro, él está viviendo en Bélgica, de subsidios sociales que le otorgan por su incapacidad física para seguir ejerciendo su profesión (o cualquier otra): cargar osamentas de animales durante años le destruyó los hombros. Y si ya no tengo ningún vínculo con él, queda claro, como lo recalqué en un capítulo anterior, que la culpa es toda mía.

Ya éramos extraños el uno para el otro cuando vivíamos juntos; luego, durante los dos o tres años posteriores a nuestra partida, cuando nos encontrábamos en una reunión familiar lo único que nos unía era nuestro pasado común y la relación que ambos manteníamos con nuestros padres, la de él, estrecha, la mía, distante.

Veía cómo se contentaba con todo lo que yo ansiaba abandonar, cómo amaba todo lo que yo odiaba. Para describir los sentimientos que sentía por mi hermano, podría tomar, casi palabra por palabra, lo que John Edgar Wideman escribió sobre el suyo en *Hermanos y guardianes:* «Mi éxito se medía con la distancia que había puesto entre nosotros». ¿Cómo expresarlo mejor? En cierta manera, eso significa que mi hermano me servía de un modo implícito como punto de referencia. Lo que yo quería se resumía así: no ser como él. Dirigiéndose mentalmente a su hermano, Wideman se pregunta: «¿Yo te

resultaba tan extraño como tú a mí?». Y yo ¿me lo preguntaba
en ese entonces? Sabía la respuesta y esta me hacía feliz, ya que
intentaba, por todos los medios, volverme un extraño para él.
Vuelvo a reconocerme en las palabras de Wideman cuando
señala: «Como éramos hermanos, las vacaciones, las fiestas familiares nos llevaban a estar en los mismos lugares al mismo
tiempo, pero tu presencia me incomodaba».[1] De hecho, en lo
que a mí respecta, en esas ocasiones todo me incomodaba, pues
mi hermano coincidía con ese mundo que ya no era mío, pero
que seguía siéndolo. En la medida en que, para Wideman,
«dejar Pittsburgh, la pobreza, la negritud» e ir a la universidad
había representado la senda de un exilio elegido, es evidente
que le había resultado difícil recorrer, a intervalos regulares, el
camino inverso. Cada vez que regresaba a su casa, volvía a
encontrarse con la realidad, inalterada, que le había dado ganas
de partir (y, por ende, constataba que su esfuerzo por alejarse
era cada vez más exitoso a medida que pasaba el tiempo).
Lo que no le impedía sentir cierta culpa respecto a las personas
que había dejado tras de sí, redoblada por un sentimiento de
temor: «El miedo es vecino de la culpa. El miedo de que las
marcas de pobreza despertaran dentro de mí y del peligro que
encontraba a mi alrededor cuando volvía a Pittsburgh». Sí: el
miedo a ser «contaminado y de llevar el veneno a todas partes
en mi huida. El miedo a que descubran el diablo dentro de mí
y me rechacen como a un leproso». Finalmente, la reflexión a
la que llega pensando en su hermano es bastante simple: «Tu
mundo. La negritud que me acusa».[2] Podría usar las mismas
palabras, las mismas frases respecto de la manera en que percibía a mi hermano en esa época: tu mundo, la cultura obrera,
esa «cultura del pobre» que me acusaba y temía que se me
pegara a la piel en mi vertiginosa huida. Debía exorcizar el
diablo que había en mí, hacerlo salir. O volverlo invisible, para
que nadie pudiese adivinar su presencia. Fue un trabajo de
hormiga que llevó años.

Me alcanza con citar esas pocas líneas de Wideman para describir el lastre que llevaba a todas partes durante mi adolescencia e incluso mucho después: esas líneas hablan de mí (aunque es preciso aclarar que no desconozco los límites de esta transposición. Si bien me reconozco en la descripción que hace Wideman del debilitamiento del vínculo con su familia y, en particular, con su hermano o, más exactamente, de la transformación de ese vínculo en una relación de distancia y rechazo, es evidente que la situación que describe es muy diferente a la mía: originario de un barrio negro y pobre de Pittsburgh, se convirtió en profesor en la universidad y en escritor famoso, mientras que su hermano fue a prisión de por vida después de que lo condenaran por asesinato. Esta trágica historia es la que intenta comprender en ese magnífico libro).

Wideman hace bien en resaltarlo: debía elegir y eligió. Yo también elegí. Y, al igual que él, me elegí. A pesar de eso, solo sentía de manera intermitente la culpa que él evoca. Estaba embriagado por el sentimiento de libertad; el júbilo de escapar a mi destino. Había poco lugar para los remordimientos. No tengo idea de lo que mi hermano piensa actualmente de todo eso. Ni de lo que puede llegar a decir cuando habla de ello. Por ejemplo, cuando alguien le pregunta si soy de la familia después de una de mis apariciones —que intento mantener infrecuentes— en la televisión.

¡Cuál sería mi sorpresa cuando mi madre me contó que mis dos hermanos menores (ocho y catorce años menores que yo) consideraban que los había «abandonado» y que habían sufrido mucho —y al menos uno de ellos seguía sufriendo— por ese abandono! Nunca me había preguntado cómo habían percibido mi alejamiento creciente y luego total. ¿Qué habían sentido? ¿Cómo me veían? ¿Quién era yo para ellos? Me convertí en una especie de fantasma en sus vidas. Más adelante, les hablarían de mí a sus mujeres, a sus hijos... Pero sin que nunca ninguna de ellas ni ninguno de ellos llegara a conocerme. Cuando uno de ellos se divorció, su mujer, que nunca me había visto, le echó en cara, entre otras quejas —lo sé por mi madre—: «Y tu hermano, Didier, no es más que un maricón que abandonó a su familia». ¿Cómo podría decir que no es cierto? ¿No estaba expresando, en unas pocas palabras, toda la verdad? ¿Toda mi verdad?

Fui egoísta. Trataba de salvarme a mí mismo y no era demasiado proclive —¡tenía veinte años!— a prestar atención a los daños que provocaba en mi huida. Mis dos hermanos menores tuvieron un destino escolar bastante similar al de mi hermano mayor: a los once años fueron al *collège*[3] (en esa época ya había un único sistema escolar para todos los alumnos) porque debían hacerlo y lo abandonaron en cuanto pudieron, a los dieciséis años, después de haber vegetado por algún tiempo en las clases «profesionalizantes» de una escuela técnica, uno, y en las de una orientación literaria, el otro («la escuela no era para mí», me explicó recientemente uno de ellos en respuesta a las preguntas que le hice por correo electrónico para escribir este libro). Ninguno de los dos llegó a pasar el *bac*. El primero quería ser mecánico, hoy vende coches en la isla de la Reunión. Según mi madre, le va bien. El segundo se alistó en el ejército a los diecisiete años. Sigue siendo militar o, más exactamente, pasó a la gendarmería, donde accedió a un humilde grado. Los dos votan a la derecha, por supuesto, después de haber sido durante mucho tiempo, hasta hace una fecha muy reciente, fieles electores del Frente Nacional. Así es como, cuando yo participaba de las manifestaciones contra el éxito electoral de la extrema derecha o cuando apoyaba a los inmigrantes y a los indocumentados, ¡estaba protestando contra mi propia familia! Pero también podría darle la vuelta a la frase y decir que mi familia se había alzado en contra de todo lo que yo suscribía, en contra de todo lo que defendía y, por lo tanto, en contra de todo lo que yo era y representaba a sus ojos (un intelectual parisino, desconectado de la realidad e ignorante de los problemas que tiene la gente del pueblo). No obstante, el hecho de que mis hermanos votaran por un partido que me inspira un profundo horror, y luego por un candidato a la presidencia que pertenece a una derecha clásica que supo captar ese electorado, se parece tanto al resultado de una fatalidad psicológica, a la sumisión a las leyes sociales —lo que también vale para mis elecciones políticas—, que me deja perplejo. Ya no estoy tan seguro como antes de lo que debo pensar de todo esto. En abstracto, es muy fácil persuadirse de que uno no le dirigiría la palabra o no le daría la mano a alguien que vota por el Frente Nacional... ¿Pero cómo hay que actuar cuando uno descubre que se trata de su propia familia? ¿Qué decir? ¿Qué hacer? ¿Y qué pensar?

En efecto, mis dos hermanos menores se elevaron sobre la condición de nuestros padres. En este caso, se puede hablar de ascensión social, si bien queda fundamentalmente vinculada con el origen de clase y su movimiento está limitado por este último y por los determinismos que comporta, comenzando por la desescolarización voluntaria y un campo restringido a tipos de oficios o profesiones que se ofrecen a quienes el sistema escolar excluyó haciéndoles creer que ellos mismos eligieron esa exclusión.

Hoy me encuentro enfrentado a estos interrogantes: ¿y si me hubiera interesado por ellos? ¿Si los hubiera ayudado en su escolaridad? ¿Si hubiera intentado que les gustara la lectura? Pues la obviedad de una carrera, el amor por los libros y las ganas de leer no son disposiciones distribuidas universalmente, sino que, por el contrario, tienen un estrecho correlato con las condiciones sociales y el medio de pertenencia. Y las condiciones sociales los conducían, como a casi todos los demás en el mismo medio, a negar y rechazar aquello a lo que me había empujado un milagro. ¿Debería haberme dado cuenta de que un milagro como ese podía volver a producirse y que sería menos improbable que lo hiciera si ya había sucedido para uno de nosotros, y que este último —¡yo!— podía transmitir a los que lo seguían todo lo que había aprendido, así como también el deseo de aprender? Pero hubiera necesitado paciencia y tiempo y, por ende, mantener un contacto estrecho con mi familia. ¿Habría alcanzado para poner a raya la lógica implacable de la eliminación escolar? ¿Hubiera permitido combatir los mecanismos de reproducción social, a cuya eficacia contribuye la inercia de los *habitus* de clase? No fui para nada el «guardián» de mis hermanos y hoy me resulta difícil —aunque ya es tarde— no sentirme culpable.

Mucho antes de sentir esta «culpa», me veía y pensaba como un «milagro» del sistema escolar, es decir que me di cuenta muy rápidamente de que los destinos de mis tres hermanos no eran o no serían idénticos o análogos al mío, en el sentido de que los efectos del veredicto social dictado en contra nuestra antes de nuestro nacimiento los golpearon con una violencia mucho mayor que a mí. En otra de sus novelas, llamada *Fanon*, Wideman evoca maravillosamente el poder de los veredictos y la conciencia que siempre tuvo de su existencia, así como el sentimiento de haberse salvado de «milagro», ya que logró escapar a los destinos definidos por adelantado. Su hermano está en prisión. Va a visitarlo con su madre. Sabe que podría haber sido él quien se encontrara detrás de los barrotes. Se pregunta por qué no es él y cómo pudo escapar a lo que se presenta como una fatalidad para los jóvenes negros de los barrios desfavorecidos: «Cuántos hombres negros en prisión y por cuánto tiempo; uno podría embarullarse con las cifras, rebelarse ante la siniestra probabilidad y la evidente desproporción. Una terrible montaña de estadísticas en bruto a la que resulta difícil dar un sentido, pero a veces una simple posibilidad es suficiente para perturbarme (no sería sorprendente, e incluso nada me resultaría más fácil, después de todo, que ser mi hermano). Intercambiar nuestros destinos, yo en su lugar, él en el mío. Recuerdo todas las comidas que hicimos a la misma mesa, las noches que durante años pasamos bajo el mismo techo, compartiendo los mismos padres y los mismos hermanos, los mismos abuelos, tíos, tías, primos y primas, lo que quiero decir, lo que las estadísticas muestran es: no sería extraño que yo estuviera en la cárcel». Así, Wideman nos obliga a admitir lo siguiente: el hecho irrefutable de que algunos —varios, probablemente— se aparten de las «estadísticas» y logren burlar la terrible lógica de los «números» de ninguna manera anula, como quisiera hacer creer la ideología del «mérito personal», la verdad sociológica que estas revelan. Si hubiese seguido el mismo camino que mis hermanos, ¿sería como ellos? Quiero decir, ¿habría votado al Frente Nacional? ¿Yo también protestaría contra los «extranjeros» que invaden nuestro país y «creen que están en su casa»? ¿Habría compartido las mismas reacciones y los mismos discursos de defensa contra lo que consideran una agresión permanente perpetrada en su contra por la sociedad, el Estado, las «élites», los «poderosos», los «otros», etc.? ¿A qué «nosotros» pertenecería? ¿A qué «ellos» me opondría? En resumen, ¿cuál sería mi política? ¿Cómo resistiría al orden del mundo? O bien, ¿cómo me adheriría a él?

Wideman no duda en hablar de una guerra contra los negros (no es el primero ni el único en tener esta mirada sobre la sociedad estadounidense: dicha percepción se inscribe en una larga tradición de pensamiento —y de experiencias—). Le dijo a su madre: «Se está dando una guerra contra la gente como nosotros en el mundo entero y la sala de visitas de esta prisión es uno de sus campos de batalla». Su madre le respondió que estaba exagerando, que ella no veía las cosas de la misma manera y que prefería anteponer la responsabilidad individual en el desarrollo de todos esos dramas. Pero él mantuvo su posición: «Una guerra declarada por un enemigo que muchos de nosotros no consideran como un enemigo, una guerra total declarada por un adversario implacable».[4] Tal es la idea que pone en escena la novela, en la que se entremezclan una reflexión política sobre unos Estados Unidos racialmente divididos y una meditación sobre Frantz Fanon y la importancia de su vida y obra para la conciencia negra, la afirmación de sí, el orgullo de sí o, simplemente, la «cólera negra» y, por ende, para la resistencia frente al enemigo, su omnipotencia, su omnipresencia. Por otra parte, su hermano, durante su adolescencia, mucho antes de ser detenido, llevaba en el bolsillo un ejemplar de *Piel negra, máscaras blancas,* que se prometía leer algún día: un libro puede revestir un gran significado incluso antes de que se lo haya leído... Alcanza con saber que fue importante para otros de quienes uno se siente cerca.

¿Se puede extender la transposición que llevé a cabo más arriba y hablar de una guerra implacable emprendida por la sociedad, en el funcionamiento más trivial de sus mecanismos más corrientes, por la burguesía, por las clases dominantes, por un enemigo invisible —o demasiado visible—, contra las clases populares en general? Alcanzaría con mirar las estadísticas de la población carcelaria en Francia o en Europa para convencerse de ello: los «números», que indicarían la «siniestra probabilidad» de que los hombres jóvenes de los suburbios desfavorecidos —y en particular los que son definidos como «de origen inmigrante»— se encontraran tras las rejas, serían elocuentes. Y no sería una exageración describir las actuales *cités* de la periferia de las ciudades francesas como el teatro de una guerra civil latente: la situación de estos guetos urbanos es una amplia muestra de cómo se trata a ciertas categorías de la población, cómo se los empuja a los márgenes de la vida social y política, cómo se los reduce a la pobreza, a la precariedad, a la ausencia de futuro. Las grandes insurrecciones que, a intervalos regulares, envuelven estos «barrios» no son otra cosa que la condensación repentina de una multitud de batallas fragmentarias cuyo fragor nunca se apaga.

Estoy igualmente tentado de agregar que algunas realidades estadísticas, como la eliminación sistemática de las clases populares del sistema escolar y las situaciones de segregación e inferioridad sociales a las que estas últimas están predestinadas por la fuerza de tales mecanismos, no pueden interpretarse de otra manera. Sé que van a acusarme de caer en una teoría del complot social por dotar a las instituciones de funciones subterráneas e incluso de intenciones maléficas. Es precisamente lo que Bourdieu le reprochaba a la noción althusseriana de «aparatos ideológicos de Estado»: la tendencia a pensar en los términos de un «funcionalismo de lo peor». Un aparato —escribe— sería «una máquina infernal programada para alcanzar ciertos fines». Y agrega que «este fantasma del complot, la idea de que una voluntad demoniaca es responsable de todo lo que sucede en el mundo social, acecha el pensamiento crítico».[5] ¡Probablemente tenga razón! No se puede negar que el concepto de Althusser nos remite a una vieja dramaturgia —o más bien a una vieja logomaquia— marxista en la que algunas entidades con mayúscula se enfrentan como si estuvieran en el escenario de un teatro (puramente escolástico). Sin embargo, podríamos subrayar que algunas de las formulaciones de Bourdieu se acercan de manera pasmosa a lo que tanto insiste en recusar, incluso si en su caso se trata menos de designar una voluntad oculta que de «resultados objetivos». Por ejemplo, cuando escribe: «¿Cuál es la función real de un sistema de enseñanza que funciona de tal manera que, a lo largo de todo el recorrido escolar, elimina de la escuela a los niños de las clases populares y, en menor medida, de las clases medias?».[6]

¡La «función real»! Evidente. Innegable. Y, al igual que Wideman, que no quiere renunciar a su percepción inmediata del mundo a pesar de las acotaciones razonables de su madre, no puedo dejar de ver en el sistema escolar, tal como funciona en la actualidad, una verdadera máquina infernal, la cual, si no está programada para alcanzar ese fin, igualmente alcanza este resultado objetivo: rechazar a los niños de las clases populares, perpetuar y legitimar la dominación de clase, el acceso diferencial a los oficios y a las posiciones sociales. Hay una guerra declarada contra los dominados y la escuela es uno de sus campos de batalla. ¡Los maestros dan lo mejor de sí! Pero no hay nada que puedan hacer, o pueden hacer muy poco, contra las fuerzas irresistibles del orden social, que actúan tanto subterráneamente como a la vista de todos y que se imponen contra viento y marea.

III

1

Más arriba dije que, durante mi infancia, toda mi familia era
«comunista», en el sentido en que la referencia al Partido
Comunista constituía el horizonte incontestable de la relación
con la política, su principio organizador. ¿Cómo se transformó en una familia a la que le pareció posible, e incluso casi
natural, otorgar su voto a la extrema derecha, o a la derecha?
   ¿Qué sucedió para que tanta gente, cuyas reacciones espontáneas expresaban un rechazo visceral frente a quienes,
en los medios obreros, eran percibidos como enemigos de
clase y a quienes se regocijaban insultando a través de la pantalla —extraña, pero eficaz manera de reforzar lo que uno es
y lo que uno cree—, se ponga a votar al Frente Nacional? Fue
lo que sucedió, estoy seguro de ello, con mi padre. ¿Y qué pasó
para que un número nada despreciable de ellos entregara su
voto, en la segunda vuelta, a los candidatos de la derecha
clásica, a la que solían repudiar (antes de terminar votando
en la primera vuelta a un representante caricaturesco de la
burguesía de los negocios, elegido, gracias a ellos, presidente
de la República)? ¿Qué abrumadora responsabilidad tiene la
izquierda oficial en este proceso? ¿Qué responsabilidad tienen
quienes, después de haber dejado de lado su compromiso de
los años sesenta y setenta en el pasado lejano de las locuras
de la juventud, y tras haber accedido a funciones de poder y
posiciones de importancia, se esforzaron por imponer las ideas

de la derecha intentando hacer caer en el olvido histórico todo
lo que había sido una de las principales preocupaciones de la
izquierda, e incluso una de sus características fundacionales
desde mediados del siglo xix, es decir, la atención que se
confiere a la opresión y los antagonismos sociales, o simplemente, la voluntad de darles a los dominados un lugar en el
espacio político? Lo que desapareció del discurso político
e intelectual y de la escena pública no es solo el «movimiento obrero», sus tradiciones y sus luchas, sino incluso los propios
obreros, su cultura, sus condiciones de vida, sus aspiraciones...[1]
En mi época de estudiante de secundaria y militante de izquierdas (trotskista), mi padre no dejaba de quejarse a viva
voz de «los estudiantes» que «quieren decirnos lo que hay que
hacer» y que «en diez años van a venir a darnos órdenes». En
aquel entonces, su reacción, tan intransigente como epidérmica, me parecía contraria a los «intereses históricos de la
clase obrera» y la atribuía a la influencia sobre esta última de
un viejo Partido Comunista mal desestalinizado y preocupado, ante todo, por entorpecer el avance ineluctable de la revolución. ¿Cómo podría pensar, hoy en día, que mi padre
estaba equivocado? ¡Cuando vemos en qué se han convertido
los que predicaban la guerra civil y se embriagaban con la
mitología de la insurrección proletaria! Siguen igual de seguros de sí mismos e igual de vehementes, pero, salvo raras
excepciones, es para denunciar cada intención de protesta
proveniente de los medios populares, por mínima que sea.
Llegaron a los lugares para los que estaban socialmente predestinados, se convirtieron en lo que debían convertirse y, con
el mismo impulso, se convirtieron en enemigos de aquellos
cuya vanguardia pretendían encarnar y a quienes juzgaban
demasiado timoratos y «aburguesados». Se dice que cuando
Marcel Jouhandeau vio pasar una comitiva de estudiantes
durante Mayo del 68, les gritó: «¡Váyanse a sus casas! En
veinte años, todos ustedes serán notarios». Eso es, más o me-

nos, lo que mi padre pensaba o sentía, aunque por razones diametralmente opuestas. Y fue justo lo que sucedió. Quizá no notarios, pero sí notables, instalados política, intelectual y personalmente, al término de trayectorias en general pasmosas, en la comodidad del orden social y la defensa del mundo real tal cual es, es decir, tal como se ajusta perfectamente a lo que son en la actualidad.

En 1981, François Mitterrand por fin le dio a la izquierda la esperanza de una victoria, al lograr captar aproximadamente un cuarto del electorado del Partido Comunista, cuyo candidato, que había logrado reunir el 20 o 21% de los votos en las legislativas de 1977, solo obtuvo el 15% en la primera vuelta. Esta dispersión, preludio del desmoronamiento que vendría más adelante, se explica en gran parte por la incapacidad del «partido de la clase obrera» para evolucionar y romper con el régimen soviético (el cual, es cierto, lo financiaba ampliamente) y también por su incapacidad para tomar en consideración los nuevos movimientos sociales que se habían desarrollado bajo la influencia del Mayo francés. Apenas se correspondía —es lo menos que se puede decir— con la voluntad de transformación social e innovación política que había marcado los años sesenta y setenta y que, en cierta manera, se cristalizaba en 1981. Pero la victoria de la izquierda, que estableció un gobierno en el que participaron los comunistas, llevaría con rapidez a una fuerte desilusión de los medios populares y una desafección por los políticos a quienes habían entregado su confianza y, por ende, sus sufragios, y por quienes se sintieron dejados de lado y traicionados. En esa época, se oía mucho la siguiente frase (mi madre me la repetía cada vez que hablábamos): «Izquierda o derecha, no cambia, son todos iguales, y los que la pagan siempre son los mismos».

La izquierda socialista se había embarcado en un profundo proceso de transformación, que iría acentuándose año tras año, y había comenzado a ubicarse con un sospechoso entusiasmo bajo la influencia de intelectuales neoconservadores que, con el pretexto de renovar el pensamiento de izquierdas, trabajaban para borrar todo lo que hacía que la izquierda fuese la izquierda. En realidad, se estaba produciendo una metamorfosis general y profunda, tanto de los *ethos* como de las referencias culturales. Pasó de hablarse de explotación y resistencia a «modernización necesaria» y «refundación social»; ya no se hablaba de relaciones de clase, sino de «vivir-juntos»; no se hablaba de destinos sociales, sino de «responsabilidad individual». La noción de dominación y la idea de una polaridad estructural entre dominantes y dominados desaparecieron del paisaje político de la izquierda oficial en beneficio de la idea neutralizadora de «contrato social», «pacto social», en cuyo marco se pedía a los individuos definidos como «iguales en derecho» (¿«iguales»?, ¡qué broma obscena!) que olvidaran sus «intereses particulares» (es decir, que se callaran y dejaran que los gobernantes gobernaran como mejor les pareciera). ¿Cuáles fueron los objetivos ideológicos de esta «filosofía política», popularizada y festejada en todo el espectro del campo mediático, político e intelectual, de la derecha a la izquierda (cuyos promotores, además, se esforzaron por borrar la frontera entre derecha e izquierda atrayendo, con su consentimiento, a la izquierda hacia la derecha)? El objetivo estaba apenas disimulado: la exaltación del «sujeto autónomo» y la voluntad concomitante de terminar con las corrientes que insistían en considerar los determinismos históricos y sociales tuvieron como función principal deshacer la idea de que existían grupos sociales —«clases»— y justificar así el desmantelamiento del *welfare state* y la protección social —en nombre de una individualización necesaria (o descolectivización, desocialización) del derecho al trabajo— y de los sistemas de solidaridad y redistribución. Gran parte de la izquierda adoptó esos viejos discursos y viejos proyectos

que, hasta ese momento, habían sido exclusivos de la derecha, que los machacaba obsesivamente, anteponiendo la responsabilidad individual ante la «colectivización». En el fondo, se
podría resumir la situación diciendo que los partidos de izquierdas y sus intelectuales, tanto los que estaban en el Estado
como los de partido, empezaron a pensar y hablar en la lengua
de los gobernantes y ya no en la lengua de los gobernados,
comenzaron a expresarse en nombre de los gobernantes (y
con ellos) y ya no en nombre de los gobernados (y con ellos),
y que, por ende, adoptaron la mirada que los gobernantes
tienen sobre el mundo, rechazando desdeñosamente (con una
gran violencia discursiva, que aquellos sobre quienes era ejer-
cida percibieron como tal) la mirada de los gobernados. A lo
sumo, se dignaron, en las versiones cristianas o filantrópicas
de esos discursos neoconservadores, reemplazar a los opri-
midos y dominados de ayer —y sus combates— por los «ex-
cluidos» —y su presunta pasividad—, y a considerarlos como
los destinatarios potenciales, pero silenciosos, de medidas
tecnocráticas destinadas a ayudar a los «pobres» y las «víctimas» de la «precarización» y la «desafiliación». No era más
que otra estrategia intelectual, hipócrita y retorcida para anular cualquier tipo de enfoque en términos de opresión y lucha,
reproducción y transformación de las estructuras sociales, de
inercia y de dinámica de los antagonismos de clase.[2] Tal metamorfosis de los discursos políticos transformó la percepción
del mundo social y, por lo tanto, de manera performativa, el
propio mundo social, ya que este es producido en gran medida por las categorías de pensamiento a través de las cuales se
lo mira. Pero hacer desaparecer de los discursos políticos las «clases» y las relaciones de clase, borrarlas de las categorías teóricas y cognitivas, de ninguna manera impide que quienes
viven la condición objetiva que la palabra «clase» designaba
sientan colectivamente que han sido abandonados por quienes predican las ventajas del «vínculo social», junto con los

beneficios de una «necesaria» desregulación de la economía
y de un igualmente «necesario» desmantelamiento del Estado social.[3] Así, como por efecto casi inmediato de la redistribución de las cartas políticas, sectores enteros de las capas
más desfavorecidas se inclinaron hacia el único partido que
parecía preocuparse por ellos y que, al menos, ofrecía un discurso que se esforzaba por volver a cargar de sentido su experiencia de vida. Y lo hicieron a pesar de que las instancias
dirigentes de ese partido no estaban compuestas —faltaría
más— por miembros de las clases populares, contrariamente
a la que había sido la experiencia del Partido Comunista, que
se preocupaba por seleccionar militantes del mundo obrero,
en quienes los electores podían reconocerse. Mi madre, después de afirmar siempre lo contrario, acabó por admitir que
alguna vez había votado al Frente Nacional («una sola vez»,
precisó, pero no estoy seguro de creerla sobre este punto. «Era
una advertencia, porque no daba para más», se justificó, una
vez que superó el malestar de la confesión. Y agregó, extrañamente, acerca de su voto a favor de Le Pen en la primera
vuelta: «La gente que lo votó no lo quería. En la segunda vuelta votaron normal»).[4]

A diferencia del voto comunista, que se asumía, se reivindicaba y se proclamaba, el voto de extrema derecha fue un
trámite disimulado, que incluso se negaba ante las aprecia-
ciones del «exterior» (del que, para mi familia, yo formaba
parte). Pero, a pesar de todo, se había sopesado con madurez
y decidido con firmeza. En el primer caso, se afirmaba orgu-
llosamente la identidad de clase, instituyéndola como tal a
través de ese gesto político de apoyo al «partido de los obreros». En el segundo, se defendía en silencio lo que quedaba
de esa identidad ahora ignorada, cuando no despreciada, por
los representantes jerárquicos de la izquierda institucional,
todos salidos de la Escuela Nacional de Administración y
de otras escuelas burguesas del poder tecnocrático, es decir,

de esos lugares donde se produce y se enseña una «ideología dominante», que se ha vuelto ampliamente transpolítica (nunca se insistirá lo suficiente en el grado de participación de los cenáculos de la izquierda «modernista» —y, con frecuencia, cristiana— en la elaboración de esta ideología dominante de derecha. No sorprende, pues, que un antiguo líder del Partido Socialista —del norte de Francia, por supuesto, y por ende de otro origen social y otra cultura política— haya querido recordar a sus amigos, durante la campaña presidencial de 2002, que la palabra «trabajador» no era «una palabrota»). Por más paradójico que pueda parecer, estoy convencido de que el voto por el Frente Nacional debe interpretarse, al menos en parte, como el último recurso con el que contaban los medios populares para defender su identidad colectiva y, en todo caso, una dignidad que sentían igual de pisoteada que siempre, pero ahora también por quienes los habían representado y defendido en el pasado. La dignidad es un sentimiento frágil e inseguro: necesita señales y garantías. Necesita, ante todo, no tener la impresión de que uno es considerado una cantidad despreciable o simples elementos en cuadros estadísticos o archivos contables, es decir, objetos mudos en la decisión política. Así que si aquellos en quienes se tenía cierta confianza ya no son merecedores de ella, se la deposita en otros. Y uno se vuelca, cuantas veces sea necesario, hacia nuevos representantes.[5] ¿De quién es la culpa, entonces, si el recurso tuvo esa cara; si el significado de un «nosotros», conservado o reconstituido de esa manera, se transformó a tal punto que opone «franceses» contra «extranjeros», en vez de «obreros» contra «burgueses»; o, más precisamente, si la oposición entre «obreros» y «burgueses», perpetuada bajo la forma de una oposición entre «los de abajo» y «los de arriba» (pero no es lo mismo y no tiene las mismas consecuencias políticas), integró una dimensión nacional y racial en la que los de arriba son percibidos como los que favorecen la inmigración, y los de abajo como los que sufren cotidianamente a causa de ella, acusada de ser la responsable de todos sus males?

Podríamos alegar que el voto comunista representaba una afirmación positiva de sí mismo, y el voto por el Frente Nacional, una afirmación negativa de sí mismo (ya que la relación con las estructuras partidarias, los portavoces, la coherencia del discurso político y su coincidencia con la identidad de clase, entre otros, era muy fuerte en el primer caso y casi inexistente o secundaria en el segundo). Pero en ambos casos el resultado electoral quería ser, o de hecho lo era, la manifestación pública de un grupo que se movilizaba como grupo, individualmente, por medio de la papeleta electoral, pero también colectivamente, al momento de introducirla en la urna a fin de hacerse oír. Alrededor del Partido Comunista se organizaba el voto colectivo de un grupo consciente de sí mismo y anclado, tanto en condiciones efectivas de existencia como en una tradición política. A este grupo se agregaban otras categorías, cuya percepción del mundo o cuyas reivindicaciones podían abrazar, durable o provisionalmente, las de la «clase obrera» que se manifestaba como clase-sujeto. Al borrar del discurso político de la izquierda toda idea de grupos sociales en conflicto unos con otros (incluso llegaron a reemplazar la afirmación estructurante de una conflictividad social en la que se tenía la obligación de sostener las reivindicaciones de los trabajadores por una denuncia de los movimientos sociales considerados como sobrevivientes del pasado —se los tildó de «arcaicos», y con ellos, por supuesto, a quienes continuaban apoyándolos—, o como una señal del debilitamiento del vínculo social que los gobernantes tendrían la tarea de restaurar), se creyó que se había logrado privar, a quienes votaban juntos, hasta de la propia posibilidad de pensarse como un grupo cimentado por intereses comunes y preocupaciones compartidas. Se los condujo a individualizar su opinión y se disoció dicha opinión de la fuerza que contenía en otro tiempo, condenándola así a la impotencia. Pero esa impotencia se convirtió en rabia. El resultado era ineludible: el grupo se reconstituyó bajo otra forma, y la clase social que los discursos neoconservadores de la izquierda habían deconstruido encontró un nuevo modo de organizarse y mostrar su punto de vista.

El bello análisis que propone Sartre sobre el voto y los periodos electorales como proceso de individualización y, por ende, de despolitización de la opinión —la situación de «serialidad»—, en oposición a la formación colectiva y politizante del pensamiento durante un movimiento o de una movilización —el «grupo»—, encuentra aquí sus limitaciones.[6] Ciertamente, el ejemplo que ofrece es sobrecogedor: los obreros que habían participado de las grandes marchas de Mayo del 68 y que, un mes después, salvaron al régimen gaullista al votar por sus candidatos. Pero eso no debe hacernos olvidar que el acto electoral, fundamentalmente individual en apariencia, también puede vivirse como una movilización colectiva, una acción que se lleva a cabo de manera conjunta con otros. En este sentido, actúa en forma contraria al propio principio del sistema de «sufragio universal», donde se espera que la suma de votos individuales confluya en la expresión de la «voluntad general», que debe trascender las voluntades particulares. En lo que acabo de presentar (voto comunista o voto al Frente Nacional), lo que sucede es lo contrario: una guerra de clase que se da por medio de la papeleta electoral, una práctica de enfrentamiento que se reproduce de escrutinio en escrutinio y en la que se ve cómo una clase social —o una parte de ella— se esfuerza por manifestar su presencia frente a los demás, por instaurar una relación de fuerzas. Merleau-Ponty insiste —sin dejar de señalar, él tampoco, que «el voto consulta a los hombres inactivos, fuera del trabajo, fuera de la vida», es decir, según una lógica abstracta e individualizante— en que «votamos como violen-

tos»: «Cada uno recusa el sufragio de los demás».[7] Lejos de
querer contribuir a la definición de todos por todos de qué
sería la «voluntad general» del pueblo, lejos de colaborar en
la elaboración de un consenso o el surgimiento de una mayoría
a cuyos deseos la minoría acepta plegarse, la clase obrera, o una
parte de esta (como toda clase, en realidad: se puede ver en las
reacciones de la burguesía cada vez que la izquierda llega al
poder), busca, por el contrario, discutir la pretensión de que la
mayoría electoral representa el punto de vista «general», recor-
dando que considera el punto de vista de esa «mayoría» como
el de un grupo adverso que defiende sus propios intereses,
opuestos a los suyos. En el caso del voto por el Frente Nacional,
ese proceso de construcción política de sí mismo se efectuó a
través de una alianza —al menos durante los periodos electorales— con sectores sociales que en otra época se consideraban
«enemigos». La principal consecuencia de que la «clase obrera»
y los obreros —digamos las clases populares en general— hayan desaparecido del discurso político fue el debilitamiento de
las antiguas alianzas del mundo obrero con otras categorías
sociales (asalariados del sector público, maestros, etc.) bajo la
égida de lo que constituía «la izquierda», y la composición de
un nuevo «bloque histórico», en términos de Gramsci, ampliamente anclado en la derecha e incluso la ultraderecha, que une
amplias facciones de sectores populares fragilizados y precari-
zados con profesiones comerciantes o jubilados acomodados
del sur de Francia, e incluso con militares fascistas y viejas familias católicas conservadoras.[8] Pero esta fue, probablemente,
la condición necesaria para poder hacer peso en un momento
dado, tanto más cuanto que se trataba de hacer peso contra la
izquierda en el poder o, más exactamente, el poder encarnado
por los partidos de izquierdas. Sí, ese gesto se percibió como el
último recurso que quedaba. Pero es evidente que, al entrar en
nuevas alianzas, en nuevas configuraciones políticas, ese grupo —que está compuesto solo por una parte del antiguo grupo

que movilizaba el voto comunista— se convirtió en un grupo diferente del que conformaba con anterioridad. Quienes lo constituían se pensaron a sí mismos y pensaron sus intereses y relaciones con la vida social y política de manera completamente diferente.

Probablemente, para gran parte de los electores del Frente Nacional, ese voto no fue equivalente al que solían otorgar al Partido Comunista: fue más intermitente, menos fiel, y la entrega de sí mismo a los portavoces, la delegación de la propia palabra a quienes la harían existir en la escena política no tuvo la misma solidez ni la misma intensidad. A través del voto por el Partido Comunista, los individuos superaban lo que cada uno de ellos era por separado, seriadamente, y la opinión colectiva resultante, que el partido, en tanto intermediario, no solo expresaba, sino que también moldeaba, no era el reflejo de las diversas opiniones de cada uno de los electores. Al votar por el Frente Nacional, los individuos siguen siendo quienes son y la opinión que producen no es más que la suma de sus prejuicios espontáneos, que el discurso del partido capta y modela para integrarlos en un programa político coherente. E incluso si los que lo votan no se adhieren a la totalidad de la plataforma, la fuerza que el partido obtiene de esta manera le permite hacer creer que sus electores abrazan todo su discurso.

Resulta tentador afirmar que se trata de un colectivo seriado, profundamente marcado por la serialidad, ya que lo que predomina son las pulsiones inmediatas, las opiniones compartidas, pero preconcebidas, más que los intereses sopesados en común y las opiniones elaboradas en la acción práctica; la visión alienada (denunciar a los extranjeros) antes que la concepción politizada (combatir la dominación). Pero, a pesar de todo, este «colectivo» se constituye como «grupo» al votar por un partido que instrumentaliza, con su consentimiento, el medio de expresión elegido y utilizado por quienes lo instrumentalizaron para hacerse oír.[9]

En todo caso, se debe constatar hasta qué punto la mayoría de las veces el voto —y eso vale para todos— traduce únicamente una adhesión parcial o soslayada al discurso o plataforma del partido o candidato a los que se entrega el sufragio. Cuando le hice notar a mi madre que al votar a Le Pen había apoyado a un partido que militaba contra el aborto, sabiendo que ella había abortado, me respondió: «¡Oh! Pero no tiene nada que ver, no es por eso que lo voté». En este caso, ¿cómo se eligen los elementos que se tienen en consideración y que rigen la decisión, y los que se dejan deliberadamente de lado? Es probable que lo más importante sea el sentimiento de saberse o creerse representado individual y colectivamente, aunque sea de manera incompleta, imperfecta, es decir, sentirse apoyado por aquellos a los que uno apoya y tener la impresión, por medio de ese gesto electoral, o sea, de esa acción firme, de que uno existe y tiene un peso en la vida política.

Estas dos visiones políticas antagónicas (la que se encarnaba en el voto comunista y la que se encarna en el voto por el Frente Nacional), estas dos maneras de constituirse a sí mismo como sujeto de la política, se apoyan en categorías diferentes de percepción y división del mundo social (la cuales, por otra parte, pueden coexistir en un mismo individuo, en temporalidades muy diferentes, por supuesto, pero también en lugares diferentes, en función de las diferentes estructuras de la vida cotidiana en las que uno está inserto: dependiendo si lo que predomina es la solidaridad práctica dentro de la fábrica o el sentimiento de competencia por la preservación del propio puesto de trabajo, si uno siente que pertenece a una red informal de padres que van a buscar a los chicos a la escuela o lo exasperan las dificultades de la vida en el barrio, etc.). Son maneras opuestas, o al menos divergentes, de hacer un recorte de la realidad social e intentar tener un peso en las orientaciones políticas de los gobernantes, y no siempre una excluye a la otra. Por ese motivo, por más duraderas y desconcertantes que hayan podido resultar las alianzas que se establecieron en la constitución del electorado del Frente Nacional, no es del todo imposible, y mucho menos inimaginable, que una parte —solo una parte— de los que votaron por sus candidatos comiencen a votar, en un futuro más o menos cercano, por la extrema izquierda. Evidentemente, esto no quiere decir que haya que poner a la extrema izquierda en el mismo plano que la extrema derecha, como están prontos a declarar quienes desean proteger su monopolio sobre la definición de la política legítima tachando en forma sistemática de «populismo» cualquier punto de vista y cualquier afirmación de uno mismo que escape a dicha definición. Tal acusación no hace más que afirmar su incomprensión —de clase— ante lo que consideran como la «irracionalidad» del pueblo, cuando este no consiente a someterse a su «razón» y «sabiduría». Esto quiere decir que la movilización de un grupo —el mundo obrero y las clases populares— por medio del voto bien podría desplazarse radicalmente en el tablero político y, de esta manera, cristalizarse dentro del marco de otro «bloque histórico» con otros sectores de la sociedad, en cuanto se modifique la situación global (nacional e internacional). Pero, probablemente, para que se produzca una reorganización de ese calibre deben ocurrir cierto número de eventos importantes —huelgas, marchas, etc.—, puesto que no es fácil disociarse de una pertenencia política en la que uno está mentalmente instalado desde hace tiempo —por más que sea de manera inestable e incierta—, y uno no se crea de un día para el otro otra pertenencia, es decir, otra relación consigo mismo y con los demás, otra mirada sobre el mundo, otro discurso sobre las cosas de la vida.

No obstante, sé que, en muchos aspectos, el discurso y el éxito del Frente Nacional se vieron favorecidos, e incluso convocados, por los mismos sentimientos que inspiraban a las clases populares en las décadas de 1960 y 1970. Si se hubiera querido desarrollar un programa político a partir de los comentarios que mi familia hacía cotidianamente en esa época, cuando aún votaban a la izquierda, el resultado no hubiese estado muy alejado de las plataformas electorales de los años ochenta y noventa de ese partido de extrema derecha: la voluntad de expulsar a los inmigrantes e instaurar una «preferencia nacional» para el empleo y las prestaciones sociales, el endurecimiento represivo de la política penal, la adhesión al principio de la pena de muerte y la aplicación extendida de dicho principio, la posibilidad de salir del sistema escolar a los catorce años, etcétera. La extrema derecha logró captar al antiguo electorado comunista (o a electores más jóvenes que votaron desde un principio al Frente Nacional, ya que parece que los hijos de obreros votaron más fácilmente a la extrema derecha que sus mayores)[1] porque el racismo profundo que constituía una de las características dominantes de los medios obreros y populares blancos lo hizo posible o lo facilitó. Las frases que florecieron en los años ochenta contra las familias magrebíes, como «nos invadieron, el país ya no es nuestro», «lo que hay es para ellos, viven de los subsidios familiares y para nosotros no queda nada», y así sucesivamente *ad nauseam,* habían estado precedidas, durante al menos tres décadas, por una manera radicalmente hostil de percibir a los trabajadores que venían del Magreb, de hablar de ellos y de comportarse con ellos.[2] Tal hostilidad ya se había manifestado durante la guerra de Argelia («si quieren la independencia, que se queden en su país») y después de que ese país obtuviera su independencia («¿querían la independencia? ¡La tienen! Ahora que se vuelvan a su casa»), pero se multiplicó durante los años sesenta y setenta. El desprecio que los franceses sentían por ellos se expresaba particularmente a través del tuteo sistemático que les estaba reservado. Cuando se hablaba de ellos, nunca se los llamaba de otra manera que no fuera *bicots, ratons*[3] u otros términos análogos. En esa época, los «inmigrantes» eran principalmente hombres solos que se alojaban en residencias colectivas y hoteles insalubres, cuyos sórdidos dueños ganaban dinero imponiéndoles condiciones de vida degradantes. La llegada masiva de una nueva generación de inmigrantes, pero también la constitución de familias y el nacimiento de bebés, dieron la vuelta al tablero: toda una población de origen extranjero se instaló en las *cités hlm* que habían sido construidas poco tiempo antes y donde, hasta ese momento, solo vivían franceses o inmigrantes de otros países europeos. Cuando, a mediados de la década de 1960, mis padres consiguieron un piso en una *cité hlm,* ubicado en los límites de la ciudad, donde viviría de los trece a los veinte años, el edificio solo estaba ocupado por *Blancos.* Solo a fines de los años setenta —ya me había ido hacía tiempo— llegaron familias magrebíes, que rápidamente se volvieron mayoría en todo el barrio. Tales transformaciones provocaron una espectacular exacerbación de las pulsiones racistas que siempre se habían manifestado en las conversaciones cotidianas. Pero como solía tratarse de dos niveles de conciencia que raramente coincidían, eso no interfería con las elecciones políticas bien pensadas, ya fuera el voto por un partido —«el Partido»— que había militado contra la guerra en Argelia, la adhesión a un sindicato —la CGT— que denunciaba oficialmente el racismo, e incluso, de manera más general, la percepción de sí mismo como obrero de izquierdas.[4] En realidad, cuando se votaba a la izquierda, de alguna manera se votaba contra ese tipo de pulsiones inmediatas y, por ende, contra una parte de sí mismos. Esos sentimientos racistas eran ciertamente poderosos y, en realidad, el Partido Comunista no se privó de exaltarlos de manera odiosa en numerosas ocasiones. Pero no se establecían como el foco central de la preocupación política. Y a veces incluso llegaban a sentirse obligados a disculparse, cuando se encontraban en un círculo más amplio que la familia restringida. Así, eran frecuentes las frases que comenzaban con «nunca fui racista» o que terminaban con «sin embargo, no soy racista»; o bien alguien puntuaba la conversación con comentarios como «es como en todas partes, también hay gente buena», y mencionaban a tal o cual «tipo» de la fábrica que había, etc... Llevó tiempo que las expresiones cotidianas del racismo ordinario se sumaran a elementos más directamente ideológicos y se transformaran en el modo hegemónico de percepción del mundo social, bajo el efecto de un discurso organizado que se esforzaba por fomentarlas y darles sentido en la escena pública.

El que mis padres decidieran dejar su piso y mudarse a un adosado en Muizon se debió a que ya no soportaban el nuevo ambiente imperante en el barrio y querían huir de lo que consideraban una intrusión cargada de amenazas en un mundo que les había pertenecido y del que se sentían desposeídos poco a poco. Al principio, mi madre comenzó a quejarse de la «retahíla» de hijos de los recién llegados, quienes orinaban y defecaban en las escaleras y que, ya adolescentes, convirtieron la ciudad en el reino de la pequeña delincuencia en medio

de un clima de inseguridad y miedo. Se indignaba por cómo
dañaban el edificio, desde las paredes de la escalera a las puertas de los depósitos individuales del subsuelo o los buzones
en la entrada —apenas los reparaban ya los rompían otra
vez—, por el correo y el periódico que desaparecían con demasiada frecuencia. Sin hablar de los daños a los coches en
la calle: retrovisores rotos, pintura rayada... Ya no soportaba
el ruido incesante, los olores que emanaban de una cocina
diferente, ni los gritos del cordero que degollaban en el baño
del piso de arriba para la fiesta de Aïd el-Kebir. ¿Sus descrip-
ciones tenían asidero en la realidad o en la fantasía? Como
yo ya no vivía con ellos y nunca iba a visitarlos, no soy el más
indicado para juzgarlo. Cuando le decía, por teléfono —le
costaba hablar de otra cosa—, que exageraba, me respondía:
«Se nota que no es tu casa. En los barrios en los que vives esto
no pasa». ¿Qué podía responderle? Sin embargo, me pregunto cómo se formaron los discursos que transformaron los
problemas vecinales —que acepto creer que eran insoporta-
bles— en una concepción del mundo y en un sistema de
pensamiento político. ¿En qué historia estaban anclados? ¿De
qué profundidades sociales venían? ¿A partir de qué nuevos
modos de construcción de las subjetividades políticas se cris-
talizaron y concretaron en el voto por un partido de extrema
derecha y por un tipo de líder que hasta ese entonces solo
había inspirado violentas reacciones de cólera? Desde el momento en que se ratificaron y transmitieron en el espacio
político y mediático, esas categorías espontáneas de la percepción y los recortes que empleaban (los «franceses» en oposición a los «extranjeros») se volvieron cada vez más «evidentes» y, poco a poco, pasaron a ocupar cada vez más las charlas
banales en el seno de la familia restringida y de la familia
ampliada o en los intercambios de palabras en los comercios,
en la calle, en la fábrica... Pudo observarse, entonces, una
cristalización del sentimiento racista en los medios sociales y

políticos que antes estaban dominados por el Partido Comunista y una marcada tendencia a inclinarse por una oferta política que simplemente pretendía hacerse eco de la voz del pueblo y del sentimiento nacional, cuando ella misma los había producido tal como eran, al ofrecer un marco discursivo coherente y legitimidad social a las malas pulsiones y los sentimientos de animosidad preexistentes. El «sentido común» que compartían las clases populares «francesas» sufrió un profundo cambio, precisamente porque la cualidad de «francés» se convirtió en su elemento principal, reemplazando a la de «obrero» u hombre y mujer «de izquierdas».

Mi familia encarnaba un ejemplo modal de ese racismo habitual en los medios populares en la década de 1960 y de esa radicalización del racismo durante los años setenta y ochenta. Empleaban incesantemente (y mi madre continúa haciéndolo) un vocabulario peyorativo e insultante respecto de los trabajadores de África del Norte que llegaron solos y, más adelante, respecto de las familias que habían venido a reunirse con ellos o que se habían formado aquí, y de sus hijos nacidos en Francia y, por ende, franceses, pero a quienes también percibían como «inmigrantes» o, al menos, como «extranjeros». Esas palabras insultantes podían surgir en cualquier instante y, cada vez que las pronunciaban, las acentuaban de tal manera que se duplicaba la animosidad acerba que expresaban: *crouillats, crouilles, bougnoules...*[5] Como yo era muy moreno, de adolescente mi madre me decía con frecuencia: «Pareces *crouille*»; o bien: «Cuando te vi venir de lejos pensé que eras un *bougnoule*». Soy muy consciente de que el horror que me inspiraba en esa época mi medio de pertenencia también está vinculado con la consternación e incluso la repugnancia que me provocaban ese tipo de declaraciones, que oía todos los días, varias veces al día. Recientemente, invité a mi madre a pasar un fin de semana en París. Su conversación estaba todo el tiempo atravesada por ese vocabulario, al que me enfrento muy raras veces, precisamente porque construí mi vida de una manera que me permitiera no tener que verme enfrentado a él: *bougnoules*, «negro», «chino»... Mientras hablábamos del barrio de Barbès donde había vivido su madre —el cual estaba ocupado, desde hace mucho, casi exclusivamente por una población de origen africano y magrebí— aseveró que no le gustaría vivir allí porque «el barrio de ellos no es como el nuestro». Intenté argumentar en pocas palabras, reprimiendo mi irritación: «Pero mamá, Barbès es un barrio nuestro, es un barrio de París». A lo que simplemente respondió: «Puede ser, pero yo me entiendo». Entonces no pude más que balbucear: «Yo no», concluyendo, por mi parte, que el «regreso a Reims» sobre el que ya había empezado a escribir no sería un paseo fácil, sino, quizá, un viaje mental y social imposible de llevar a cabo. Sin embargo, pensándolo bien, me pregunto si el racismo de mi madre y el desprecio virulento que siempre mostró por los trabajadores inmigrantes en general (¡cuando ella es hija de inmigrantes!) y los «árabes» en particular no constituyó para ella, que había pertenecido a una categoría social a la que constantemente se le recordaba su inferioridad, una manera de sentirse superior a la gente aún más desfavorecida. Una manera de construirse una imagen valorizante de sí misma por medio de la desvalorización de los demás, es decir, una manera de existir ante sus propios ojos.

Durante los años sesenta y setenta, el discurso de mis padres, sobre todo el de mi madre, ya combinaba dos formas de división entre «ellos» y «nosotros»: la división de clase (ricos y pobres) y la división étnica («franceses» y «extranjeros»). Sin embargo, algunas circunstancias políticas podían desplazar el foco sobre una o sobre la otra. En el Mayo francés, las grandes huelgas unían a los «trabajadores», cualquiera que fuera su origen, contra los «patrones». Tuvo éxito un bello eslogan que clamaba: «Trabajadores franceses, inmigrantes, el mismo patrón, el mismo combate». Durante las huelgas más circunscritas o más locales, que tuvieron lugar más adelante, prevalecía la misma percepción (en tales situaciones, la frontera se creaba entre los huelguistas y «los que están con el patrón», «los amarillos»). Sartre tiene razón cuando insiste en este punto: antes de la huelga, el obrero francés es espontáneamente racista, desconfía de los inmigrantes, pero una vez que la acción se dispara, esos malos sentimientos se borran y lo que predomina es la solidaridad (aunque solo sea parcial y temporalmente). Entonces, lo que permite que la división racista suplante a la división en clases es, sobre todo, la ausencia de movilización o de percepción de uno mismo como parte de un grupo social movilizado o solidario (ya que podría movilizarse y, por ende, siempre está mentalmente movilizado). A partir de ese momento, el grupo —que ya no tiene la movilización como horizonte de percepción de sí mismo porque fue disuelta por la izquierda— se recrea alrededor de este otro principio, en este caso, nacional: la afirmación de uno mismo como ocupante «legítimo» de un territorio del que se siente desposeído y desplazado (el barrio en el que uno vive y que reemplaza el lugar de trabajo y la condición social en la definición de sí mismo y en la relación con los demás). Y, de manera más general, la afirmación de uno mismo como amo y dueño natural de un país y la reivindicación del disfrute exclusivo de los derechos que otorga a sus ciudadanos. La idea de que «otros» puedan disfrutar de esos derechos —lo poco que uno tiene— se vuelve insoportable, en la medida en que se entiende que hay que compartirlos, lo que disminuirá la parte que le corresponde a cada uno. Se trata de una afirmación de uno mismo que se realiza contra aquellos a quienes se niega cualquier pertenencia legítima a la «Nación» y a quienes se querría negar los derechos que uno intenta mantener para sí, desde el momento en que el poder y los que hablan en su nombre los cuestionan.

No obstante, convendría llevar el análisis al punto de preguntarse si, cuando uno intenta explicar por qué, en tal o cual momento, las clases populares votan a la derecha, no se está presuponiendo —sin nunca preguntarse por dicha presuposición— que sería natural que votaran a la izquierda, a pesar de que no siempre es el caso y de que nunca es el caso al cien por cien. Después de todo, incluso cuando el Partido Comunista prosperaba electoralmente como «partido de la clase obrera», solo el 30 % de los obreros lo votaba, y al menos el mismo número, si no más, que los que votaban por la totalidad de la izquierda lo hacía por los candidatos de la derecha. Y eso no concierne únicamente a los sufragios. Incluso las movilizaciones obreras o populares, las acciones realizadas en conjunto pudieron, a lo largo de la historia, estar ancladas en la derecha o, al menos, dar la espalda a los valores de la izquierda: el movimiento de los «sindicatos amarillos», por ejemplo, a comienzos del siglo xx, los motines racistas en el sur de Francia por la misma época, o incluso las huelgas contra la contratación de obreros extranjeros...[6] Fueron muchos los teóricos de izquierdas que, desde hacía tiempo, buscaban descifrar estos fenómenos: ya sea que pensemos en Gramsci, quien se pregunta, en sus *Cuadernos de la cárcel*, por qué cuando en Italia, después de la Primera Guerra Mundial, parecen estar reunidas todas las condiciones para que se desate una revolución socialista y proletaria, esta se ve interrumpida o, más exactamente, se produce, pero con la forma de una revolución fascista; o en Wilhelm Reich, quien busca analizar, en *La psicología de masas del fascismo,* en 1933, los procesos psíquicos que llevaron a las clases populares a desear el fascismo. En consecuencia, el vínculo que parece evidente entre la «clase obrera» y la izquierda podría no ser tan natural como quisiéramos creer y surgiría, más bien, de una representación construida históricamente por las teorías (el marxismo, por ejemplo) que predominaron sobre otras teorías que competían con ellas y que moldearon nuestra percepción del mundo social y nuestras categorías políticas.[7] Mis padres, al igual que los demás miembros de mi familia de su misma generación, se reconocían de izquierdas («nosotros somos la izquierda», oí decir varias veces en el círculo familiar, como si hubiese sido impensable que fuese de otra manera), antes de comenzar a votar a la extrema derecha y a la derecha (de manera discontinua). Mis hermanos, como cierto número de miembros de mi familia de su generación, reivindican su pertenencia a la derecha —después de haber votado, por largo tiempo, a la extrema derecha— y no entienden por qué uno habría que sorprenderse por ello: desde que tuvieron edad para votar, sus sufragios se opusieron a la izquierda. Regiones obreras que solían ser bastiones de la izquierda, y particularmente del Partido Comunista, le garantizaron y siguen garantizándole a la extrema derecha una presencia electoral significativa. Y tengo el profundo temor de que los intelectuales que, manifestando su etnocentrismo de clase y proyectando sus propios modos de pensar en la cabeza de aquellos por quienes hablan, pretendiendo oír con atención sus palabras, se regodean con los «saberes espontáneos» de las clases populares —y esto con tanto más entusiasmo cuanto que nunca en su vida han encontrado a alguien que pertenezca a ellas, más que en textos sobre el siglo xx— corran el riesgo de tropezar con desmentidos mordaces y crueles desengaños. Precisamente, estas son las mitologías y mistificaciones que algunos se empeñan en perpetuar (para que los aplaudan como defensores de un nuevo radicalismo) y las derivas neoconservadoras que evocamos anteriormente, de las que la izquierda debe deshacerse si quiere comprender los fenómenos que la están conduciendo a la ruina y espera poder hacerles frente algún día. No existe un «saber espontáneo» de los dominados o, más exactamente, el «saber espontáneo» no tiene un sentido fijo y vinculado con tal o cual forma de política: la posición de los individuos en el mundo social y en la organización del trabajo no alcanza para determinar el «interés de clase» o la percepción de dicho interés sin la mediación de teorías a través de las cuales movimientos y partidos proponen ver el mundo. Estas son las teorías que dan forma y sentido a las experiencias vividas en distintos momentos; las mismas experiencias pueden revestir sentidos opuestos según las teorías o los discursos hacia los cuales se inclinen o en los cuales se respalden.[8]

Por esta razón, una filosofía de la «democracia» que se contente (aunque sus autores estén maravillados por haber propuesto un pensamiento tan «escandaloso») con festejar la «igualdad» primera de todos con todos y repetir insistentemente que cada individuo estaría dotado de la misma «competencia» que todos los demás no es de ninguna manera un pensamiento emancipatorio, en la medida en que nunca se cuestiona sobre los modos de formación de las opiniones ni sobre la manera en que el resultado de dicha «competencia» puede dar un vuelco completo —para mejor o para peor— en una misma persona o en un mismo grupo social, dependiendo tanto de los lugares y las coyunturas como de las configuraciones discursivas dentro de las cuales, por ejemplo, los mismos prejuicios pueden ya convertirse en prioridad absoluta, ya ser apartados del registro político.[9] No quisiera que mi madre y mis hermanos —que por otra parte no piden tanto— participasen en un «sorteo» para gobernar la Ciudad en virtud de su «competencia», análoga a la de todos los demás, ya que sus decisiones no serían diferentes a las que expresan cuando votan, con la diferencia de que bien podrían ser mayoritarias. Y qué más da si mis reticencias ofenden a los adeptos de un regreso a las fuentes atenienses de la democracia: si bien el gesto puede parecer simpático, sus posibles consecuencias me inquietan sobremanera.[10]

Y, por otra parte, ¿cómo considerar la existencia práctica de las «clases sociales» y la conflictividad social, e incluso de la «guerra» objetiva de la que hablé en un capítulo anterior, sin caer en la invocación mágico-mítica de la «lucha de clases» que hoy exaltan quienes preconizan una «vuelta al marxismo», como si las posiciones políticas derivaran unívoca y necesariamente de las posiciones sociales y condujeran de manera ineluctable a un enfrentamiento consciente y organizado de una «clase obrera», salida de su «alienación» y motivada por un deseo de socialismo, y la «clase burguesa», con toda la ceguera que tales nociones reificadas y tales representaciones ilusorias implican (y los peligros que representan)?

Por el contrario, lo que necesitamos es intentar comprender por qué y cómo las clases populares pueden pensar sus condiciones de vida, a veces anclándolas necesariamente en la izquierda, y otras, inscribiéndolas evidentemente en la derecha. Hay que tomar en cuenta numerosos factores: la situación económica, global o local, por supuesto, las transformaciones del trabajo y los tipos de vínculos entre los individuos, que tales transformaciones hacen y deshacen, pero también, y estoy tentado de decir sobre todo, la manera en que los discursos políticos, las categorías discursivas, moldean la subjetivación política. En esto los partidos desempeñan un papel importante, si no fundamental, pues, como ya vimos, es a través de ellos que hablan quienes no hablarían si los portavoces no hablaran por ellos, o sea, a su favor, pero también en su lugar.[11] Un papel igualmente fundamental, pues son los discursos organizados los que producen las categorías de percepción, las maneras de pensarse como sujeto político y los que definen la concepción que uno se hace de sus propios «intereses» y de los comicios electorales que de estos dependen.[12] En consecuencia, conviene reflexionar permanentemente sobre esta antinomia entre el carácter ineluctable, para las clases populares, de la delegación de sí mismo —exceptuando infrecuentes momentos de lucha— y el rechazo a dejarse despojar por portavoces en quienes uno deja de reconocerse, al punto de buscar y encontrar otros. Justamente por esta razón, es de vital importancia siempre desconfiar de los partidos y de su tendencia natural a querer asegurar su hegemonía en la vida política y la tendencia natural de sus dirigentes a querer asegurar su hegemonía en lo que delimita el campo de la política legítima.[13] Esto nos lleva a la cuestión de saber quién tiene derecho a la palabra, quién toma parte y de qué manera, en los procesos de decisión, es decir, no solo en la elaboración de soluciones, sino también en la definición colectiva de las preguntas que es legítimo e importante abordar. Cuando la izquierda resulta incapaz de organizarse como el espacio o crisol donde se crean los interrogantes, o donde se inscriben los deseos y las energías, entonces la derecha y la extrema derecha son quienes logran acogerlos y atraerlos.

La tarea que incumbe a los movimientos sociales e intelectuales críticos es, por lo tanto, construir marcos teóricos y modos de percepción políticos que permitan, si bien no borrar —tarea imposible—, al menos neutralizar al máximo las pasiones negativas que actúan en el cuerpo social y en particular en las clases populares, ofrecer otras perspectivas y, de esta manera, esbozar un futuro para lo que podría volver a llamarse «la izquierda».

IV

1

¡Qué difíciles fueron mis primeros años en el liceo! Era un excelente alumno, pero siempre estaba al borde de rechazar totalmente la situación escolar. Si el centro hubiese recibido una mayoría de niños de mi mismo entorno y no, como era el caso, de la burguesía y la pequeña burguesía, creo que me habría dejado atrapar por el engranaje de la autoeliminación. Participaba de todas las grescas, era insolente, les discutía las reprimendas a los profesores y me burlaba de ellos. Mi manera de ser y de hablar, mi comportamiento y las expresiones que utilizaba me emparentaban con un energúmeno más cercano al mal tipo que al alumno modelo. Ya no recuerdo qué ocurrencia dirigida a uno de mis compañeros de clase, hijo de un magistrado, me valió esta respuesta ultrajada: «¡Modera tus expresiones!». Había quedado estupefacto por la crudeza verbal de la gente del pueblo, a la que no estaba acostumbrado, pero su reacción y el tono que había adoptado, que ciertamente surgían del repertorio lingüístico de su familia burguesa, me parecieron grotescos, así que redoblé la ironía y la grosería. Una implacable lógica social me transformaba en ese personaje que, inocentemente, me hacía sentir orgulloso, y todo me llevaba a elegir lo que no era más que un papel que me habían atribuido por adelantado, una suerte programada a la que estaba atado desde siempre: la salida prematura del sistema escolar. En sexto, un maestro aseveró:

«No vas a llegar hasta segundo». Esa sentencia me atormentó hasta que aprobé y pasé ese año. Pero, en el fondo, ese imbécil había demostrado cierta lucidez: estaba predestinado a no ir más lejos y probablemente a no llegar hasta aquí.

Encontré, en el librito que Pierre Bourdieu terminó y envió a su editor alemán un mes antes de su muerte, *Autoanálisis de un sociólogo*, una imagen amplificada de lo que yo había vivido. Allí se describe como un preadolescente y un adolescente en un estado de «rebeldía cercano a un tipo de delincuencia» y evoca los «altercados disciplinarios» que resultaban incesantemente de esa actitud de «furor obstinado», que casi provoca que lo expulsasen del liceo justo antes pasar el *bac*. Al mismo tiempo, era un alumno de excepción, a quien le gustaba estudiar, pasar horas leyendo en calma, olvidando así las grescas de las que pocas veces estaba ausente y el alboroto del que frecuentemente era instigador.[1] Lamentablemente, en este punto, Bourdieu no profundiza el autoanálisis lo suficiente. Advierte, al comienzo del libro, que solo propondrá los «rasgos pertinentes desde el punto de vista de la sociología» y «solo aquellos» necesarios para comprenderlo y comprender su obra. Pero cabe preguntarse cómo puede decidir, en lugar de los lectores, cuáles son los elementos que habrían de necesitar para aprehender las disposiciones y los principios que presidieron al nacimiento de su proyecto intelectual y al desarrollo de su pensamiento. Y, sobre todo, resulta difícil desprenderse de la impresión de que los elementos que señala cuando se trata de su juventud y la manera en que los señala nos remiten al registro de la psicología, más que al de la sociología, como si, para él, se hubiese tratado de describir los rasgos de su —mal— carácter personal y no la lógica de las fuerzas sociales. Entonces, escribe con demasiadas reservas, demasiado pudor (probablemente su observación preliminar tenía como principal función justificar esta prudencia parsimoniosa). No se anima a descubrirse con mayor profundidad y las informaciones que provee son fragmentarias y, seguramente, dejan de lado un buen número de aspectos esenciales. Calla más de lo que confiesa.

Por ejemplo, no explica cómo logró gestionar esa tensión o esa contradicción entre la inepcia social para adecuarse a las exigencias de la situación escolar y las ganas de aprender y triunfar, ni cómo esta última predominó sobre aquella (más adelante, sin embargo, su manera de vivir la vida intelectual conservará rastros evidentes de la primera, en particular su no respeto público por las reglas del decoro burgués que reina en la vida universitaria y que tiende a imponer a todos —bajo pena de exclusión de la «comunidad científica»— el sometimiento a las normas instituidas de la «discusión científica», cuando, en realidad, lo que está en juego se inscribe en la batalla política), ni cómo venció esas dificultades y logró mantenerse dentro de un universo que todo en él rechazaba al mismo tiempo que aspiraba, sobre todo, a quedarse en él (¿no se describe como «bien adaptado, paradójicamente, a ese mundo que sin embargo detestaba profundamente»?).[2] Esta ambivalencia fue la que le permitió convertirse en lo que se convirtió y la que inspiró todo su proyecto intelectual y todo su desarrollo posterior: la rebeldía —el «furor obstinado»— prolongada por medio del saber. Lo que Foucault llamará, por su parte, la «indocilidad reflexionada».

No menciona ninguno de los libros que leía, no da ninguna información acerca de quiénes fueron importantes para él o quiénes le transmitieron el gusto por la cultura y la reflexión, cuando habría podido hundirse en un rechazo completo por estas, a lo que parecían sentenciarlo los valores populares deportivos y masculinizantes por los que no escondía su adhesión plena, si bien rechazaba el antiintelectualismo de aquellos con quienes los compartía.[3] Por otra parte, resalta el hecho de que veía desaparecer del paisaje escolar, uno tras otro, año tras año, a quienes provenían del mismo entorno social que él y que se adherían a esos mismos valores.[4] ¿Cómo y por qué sobrevivió? ¿Alcanza con contar —pues sabemos en qué se convirtió—, en algunas páginas relegadas al final de la obra, las locuras camorristas de su juventud y oponerlas a su gusto igualmente real por los estudios, la lectura y el saber? Si su objetivo era echar luz, el retrato está incompleto. ¿Qué decir de la transformación que se operó en él a lo largo de los años, para que el niño de un pueblo de Bearne, desconcertado por «algunos hechos de cultura» que descubría en la escuela, se metamorfoseara en un alumno aceptado en una muy elitista clase preparatoria parisina y luego en la Escuela Normal Superior de la calle Ulm?[5] ¿Cómo y por qué se produjo esa transmutación? ¿Y qué pensar del bilingüismo (el bearnés que hablaba con su padre y el francés de la escuela), del acento que estaba bien decidido a corregir en cuanto llegó a París (con la vergüenza yuxtapuesta del origen social y el origen geográfico) y que cada tanto resurgía por descuido en una conversación? ¿Qué decir de la sexualidad? ¿La heterosexualidad es tan evidente que sería inútil nombrarla, mostrarla, salvo como contrapartida, al evocar fugazmente a un alumno de su clase que tocaba el violín y que, «identificado como homosexual», debía de sufrir una verdadera persecución por parte de los demás, que de esa manera declaraban que ellos no lo eran, según una oposición muy clásica entre estetas y atletas (estos últimos, en el relato de Bourdieu, resultaban ser los mismos con los que jugaba al rugby y que veía como, poco a poco, quedaban eliminados de la trayectoria escolar)?[6]

Y no puedo dejar de pensar que Bourdieu continuó pensando y hablando, en gran medida, a través de esos mismos modos de percepción o, mejor aún, a través de esas mismas disposiciones inscritas desde hacía tanto tiempo en todo lo que él era, cuando más arriba en ese mismo libro no está lejos de designar peyorativamente a Foucault como un «esteta», una etiqueta que, según las polaridades estructurantes que él mismo instaló en su capítulo final, nos remitiría a la oposición entre «deportistas» y «homosexuales», entre el equipo de rugby y el amateur de la música, y, por ende, a cierto inconsciente social y sexual de carácter homófobo que, cuando me hizo leer el manuscrito de ese texto, me sorprendió que no hubiera percibido.[7] Aquí también el autoanálisis habría merecido una mayor profundización. En este libro, cuando se esfuerza por explicitar cómo «se situaba objetiva y subjetivamente» con respecto a Foucault, resalta que tenía «en común con él casi todas las propiedades pertinentes», aunque señala: «Todas salvo dos, pero que en mi opinión tuvieron un peso muy importante en la constitución de su proyecto intelectual: había nacido en una familia de la buena burguesía provinciana y era homosexual». A lo que agrega una tercera, a saber, «el hecho de que era y se reconocía filósofo», pero esto, precisa, puede no ser más que un «efecto de las anteriores». Estas observaciones me parecen exactas e incluso indiscutibles. Pero, de igual forma, el enfoque inverso debe ser verdadero: el haber elegido la sociología y la propia fisionomía de su obra bien podrían estar vinculados con su origen social y su sexualidad. Esto puede observarse particularmente en la opinión que le merece, de manera más general, la filosofía, contra la que moviliza, en nombre de la sociología y la «ciencia», todo un vocabulario estructurado por una oposición de lo masculino con lo femenino; algo de lo que él —que había estudiado tan magistralmente esas polaridades binarias tanto en sus investigaciones sobre la Cabilia como en su análisis del campo universitario y su división en disciplinas— tendría que haber sido consciente.[8]

Si bien, en muchos aspectos, me sentí reflejado cuando, al final del libro, evoca la tensión que marcó su juventud entre su inadaptación al sistema escolar y su adhesión cada vez más marcada a él, lo que diferencia mi recorrido del suyo, en mis años de liceo, es que, a pesar de que en los primeros tiempos en la enseñanza secundaria realicé algunos intentos para corresponder al modelo que me imponían los valores que traía incorporados de mi entorno social, eso no duró mucho tiempo. Abandoné con celeridad los juegos de rol de la afirmación masculina (el temperamento peleador, que no me cuadraba demasiado, y que había calcado de mi hermano mayor y de los hombres —aunque también de las mujeres— de mi familia en general) para, por el contrario, ir disociándome cada vez más marcadamente de esas maneras de ser características de los jóvenes de las clases populares. Digamos que, después de haber empezado a parecerme a quienes, en el relato de Bourdieu, arman grescas y rechazan la cultura escolar, me esforzaría por parecerme al que toca el violín, el «esteta», que no quiere pertenecer al grupo de los «atletas», si bien en esa época todavía practicaba deportes con asiduidad (actividad que abandoné prontamente para corresponder con plenitud a lo que quería ser, incluso lamentando con amargura el haber transformado mi cuerpo, en lugar de haberme mantenido flacucho y filiforme, según la imagen que había adoptado en ese entonces de lo que es y debe ser el aspecto de un intelectual). Es decir que elegí la cultura contra los valores populares y viriles, porque esta es vector de «distinción», es decir, permite que uno se diferencie de los demás, que tome distancia de ellos, e instituye una separación con ellos. Para un joven gay, y sobre todo para un joven gay proveniente de medios populares, la adhesión a la cultura constituye, frecuentemente, el modo de subjetivación que le permitirá sostener y dar sentido a su «diferencia» y, por ende, erigirse un mundo, forjarse un *ethos* diferente al que le dio su entorno social.[9]

El aprendizaje de la cultura escolar y de todo lo que esta requiere me resultó lento y difícil. La disciplina que exige tanto del cuerpo como de la mente no tiene nada de innato y se necesita tiempo para adquirirla cuando no se tuvo la suerte de que interviniera desde la infancia sin que uno se diera cuenta. Para mí, fue una verdadera ascesis: una educación de mí mismo o, más exactamente, una reeducación que necesitaba que desaprendiera todo lo que yo era. Lo que para los demás era evidente, yo debía conquistarlo día a día, mes a mes, a través del contacto cotidiano con un tipo de relación con el tiempo, con el lenguaje y también con los otros, lo que transformaría profundamente toda mi persona, mi *habitus,* y me colocaría en una posición cada vez más inestable en el entorno familiar con el que me encontraba cada noche. Para decirlo simplemente: el tipo de relación consigo mismo que impone la cultura escolar resultaba incompatible con lo que éramos en mi casa. La escolarización exitosa instalaba en mí, como una de sus condiciones de posibilidad, un corte, un exilio, incluso, cada vez más profundos, que poco a poco iban separándome del mundo del que venía y en donde aún vivía. Y como todo exilio, este contenía una forma de violencia. Yo no podía percibirla, pues se ejercía sobre mí con mi consentimiento. No excluirme —o no ser excluido— del sistema escolar exigía excluirme de mi propia familia, mi propio universo. Sostener las dos esferas, pertenecer sin fricciones a esos dos mundos era casi imposible. Durante varios años, tuve que pasar de un registro a otro, de un universo a otro, pero ese tironeo entre las dos personas que yo era, los dos papeles que debía representar, entre mis dos identidades sociales, cada vez menos relacionadas una con otra, menos compatibles entre sí, me causaba una tensión realmente difícil de soportar y, en todo caso, muy desestabilizadora.

Asistir al liceo de la ciudad me puso en contacto directo con los hijos de la burguesía (sobre todo con los hijos varones de la burguesía, ya que los centros escolares justo empezaban a ser mixtos). La manera de hablar, la ropa que llevaban y sobre todo la familiaridad de los otros chicos de mi clase con la cultura —quiero decir, con la cultura legítima—, todo me recordaba que yo era una especie de intruso, alguien que está fuera de lugar. Probablemente la clase de música fuera la prueba más insidiosa y brutal del dominio de lo que se entiende por «la cultura», de la relación de naturalidad o extrañeza que uno mantiene con ella: el profesor traía algunos discos, nos hacía escuchar interminablemente fragmentos de piezas y, mientras los alumnos de la burguesía repetían el gesto de un ensueño inspirado, los de las clases populares intercambiaban de manera disimulada bromas idiotas o no podían evitar hablar en voz alta o estallar de risa. Así es como todo conspira para instalar un sentimiento de no pertenencia y de exterioridad en la conciencia de quienes tienen dificultades para plegarse a este mandato social que el sistema escolar, a través de cada uno de sus engranajes, recuerda a sus usuarios. En realidad, dos caminos se abrían ante mí: o bien continuar con esa resistencia espontánea, no tematizada como tal, que se expresaba por medio de todo un conjunto de actitudes rebeldes, inadaptadas, inadecuadas, hastío, risas sarcásticas y rechazos obstinados, y que terminaría expulsándome en silencio de ese sistema como tantos otros, ineludiblemente en apariencia, como si solo fuese una simple consecuencia de mi comportamiento individual; o bien, plegarme poco a poco a las exigencias de la escuela, adaptarme a ella, aceptar lo que me pedía y así lograr mantenerme dentro de sus paredes. Resistir me perdería. Someterme me salvaría.

2

En el liceo, cuando tenía trece o catorce años, establecí una estrecha amistad con un chico de mi clase, hijo de un profesor de la universidad, recién nacida, de la ciudad. No estaría exagerando si dijera que estaba enamorado de él. Lo amaba como se ama a esa edad. Pero, como éramos dos varones, evidentemente era imposible confesarle lo que sentía por él (es una de las dificultades más traumáticas de la atracción homosexual durante la adolescencia, o en otros momentos de la vida, en realidad: no se puede expresar lo que uno siente por alguien del mismo sexo, lo que explica la necesidad de visitar, apenas uno se entera de su existencia y tiene edad para frecuentarlos, los lugares de encuentro, donde se entiende que las leyes de lo obvio se han invertido). He escrito: «Imposible confesarle» esos sentimientos. Por supuesto. Pero, antes que nada, formularlos en esos términos para mí mismo. Todavía era demasiado joven y toda la cultura estaba —y todavía lo está, en gran medida— organizada de tal manera que a esa edad no se disponen de referencias, imágenes o discursos que permitan entender y nombrar ese apego afectivo tan intenso de otra manera que no sea mediante la categoría «amistad». Un día en que el profesor de música les pedía a los alumnos que reconocieran una pieza que nos haría escuchar, quedé pasmado al ver que ese mismo chico levantaba la mano después de algunos compases y anunciaba triunfalmente: «¡*Una noche en el Monte Pelado*, de Mussorgsky!». Y yo, que consideraba esa clase simplemente ridícula, ese tipo de música, insoportable, yo, que siempre tenía una broma a mano, pero que quería, ante todo, gustarle, quedé desconcertado por ese descubrimiento: él conocía y gustaba de lo que a mí solo me parecía objeto de risa y rechazo, lo que en mi casa llamaban la «gran música», y cuando casualmente encontraban una radio en la que sonaba, la apagaban prestamente diciendo: «No estamos en misa».

Él tenía un bonito nombre. Yo, un nombre corriente. En cierta manera, eso simbolizaba la distancia social entre ambos. Él vivía con su familia en una gran casa situada en un barrio acomodado cerca del centro de la ciudad. Ir a su casa me impresionaba y me intimidaba. No quería que él supiera que vivía en una nueva *cité* de la periferia, por lo que era evasivo cuando me preguntaba al respecto. Un día, sin embargo, probablemente curioso por saber dónde y cómo vivía, tocó la puerta de mi casa sin haberme avisado previamente. Me sentí mortificado, a pesar de la amabilidad que traducía ese gesto que debería haber considerado como una manera de comunicarme que no tenía ninguna razón para sentir vergüenza. Tenía hermanos mayores que él, que estaban estudiando en París y, como consecuencia de la atmósfera familiar en la que estaba envuelto, su conversación estaba atravesada por nombres de cineastas o escritores: me hablaba de las películas de Godard, de las novelas de Beckett... A su lado, me sentía muy ignorante. Él me enseñaba todo eso y, sobre todo, me daba ganas de aprender sobre todo eso. Me fascinaba y aspiraba a parecerme a él. Así que yo también me puse a hablar de Godard, de quien no había visto nada, y de Beckett, de quien no había leído nada. Evidentemente, él era un buen alumno y nunca dejaba de alardear con una distancia diletante respecto del mundo escolar. Yo intentaba jugar el mismo juego, pero no tenía el as de corazones. Aprendí a hacer trampa. Me adjudicaba conocimientos que no tenía. ¿Qué importaba la verdad? Solo contaban las apariencias y la imagen de mí mismo que me esforzaba por fabricar y dar. Llegué a imitar su manera de escribir (quiero decir, su letra) y aún hoy las letras que formo son uno de los vestigios de esta relación de otro tiempo. Una relación que, por cierto, duró muy poco. Enseguida lo perdí de vista. Estábamos a fines la década de 1960 y esa época imprimió en nuestras jóvenes mentes una huella profunda, pero radicalmente diferente. Él dejó el liceo mucho antes de pasar el *bac* y se fue a recorrer los caminos. Admiraba a Kerouac, le gustaba tocar la guitarra, se reconocía en la cultura *hippie*... A mí me marcó más Mayo del 68 y la revuelta política: en 1969 me convertí —tenía apenas dieciséis años— en militante trotskista, lo que ocupó la mayor parte de mi existencia durante los años siguientes. Lo fui hasta mis veinte años, aproximadamente, y eso me condujo a leer con devoción a Marx, Lenin, Trotski, lo que representó, para mí, una experiencia intelectual decisiva, ya que fue lo que me orientó hacia la filosofía.

La influencia que esa amistad ejerció sobre mí y la ayuda que, sin saberlo, ese chico me aportó fueron determinantes: en un comienzo, mi *habitus* de clase me llevaba a resistirme a la cultura escolar, al tipo de disciplina que esta exige. Era turbulento, díscolo, una nadería hubiese alcanzado para que fuerzas irresistibles me condujeran a rechazarla por completo. Él era todo lo contrario: la cultura siempre había sido su mundo. Escribía cuentos en el registro de lo fantástico. Quise seguirlo por ese camino y me puse a escribir yo también. Él había elegido un seudónimo. Yo decidí que también tendría uno. Cuando se lo confesé, se burló de mí, pues el mío era una completa invención (alambicada y estrafalaria), mientras que el suyo estaba compuesto por su segundo nombre y el nombre de soltera de su madre. Yo no era contrincante para él, mi inferioridad se evidenciaba constantemente. Él era cruel e hiriente sin quererlo, sin saberlo. Más adelante me encontraría repetidas veces en situaciones análogas, en las que los *ethos* de clase originan comportamientos y reacciones que no son más que la actualización de estructuras y jerarquías sociales en el curso de una interacción. La amistad no puede escapar a las leyes de la gravedad histórica: dos amigos son dos historias sociales incorporadas que intentan coexistir y, a veces, en el curso de una relación, por muy estrecha que sea, son dos clases que, por efecto de la inercia de los *habitus*, chocan entre sí. Las actitudes, las palabras no necesitan ser agresivas en el sentido estricto del término, ni intencionalmente hirientes, para serlo de todas maneras. Por ejemplo, cuando uno va progresando en los medios burgueses o simplemente en la media burguesía, se ve enfrentado con frecuencia a la presunción de que uno es uno de ellos. Así como los heterosexuales siempre hablan de los homosexuales sin imaginarse que aquellos a quienes se dirigen bien podrían pertenecer a esa especie estigmatizada de la que se están burlando o a la que están denigrando, los miembros de la burguesía hablan con aquellos a quienes frecuentan como si siempre hubieran atravesado las mismas experiencias existenciales y culturales que ellos. No se dan cuenta de que, al hacer esta suposición, los están agrediendo (incluso cuando uno se siente halagado y haya suscitado —pues se necesitó tanto tiempo para lograrlo— el orgullo de ser considerado lo que uno no es: un hijo de la burguesía). A veces, esto sucede incluso con los amigos más cercanos, los más antiguos, los más fieles: cuando murió mi padre, uno de mis amigos —¡un heredero!— a quien le contaba que no asistiría a las exequias, pero que, sin embargo, debía ir a Reims a ver a mi madre, me hizo el siguiente comentario: «Sí, de todos modos vas a tener que estar ahí para la apertura de testamento en la notaría». Esta frase, pronunciada con un tono de tranquila evidencia, me recordó hasta qué punto las paralelas jamás se tocan, ni siquiera en una relación de amistad. ¡La «apertura de testamento»! ¡Santo Dios! ¿Qué testamento? Como si en mi familia tuviéramos la costumbre de redactar testamentos y depositarlos en la notaría. ¿Para legar qué, por otra parte? En las clases populares, nada pasa de generación en generación, ni valores, ni capitales, ni casas, ni pisos, ni muebles antiguos, ni objetos preciosos...[1] Mis padres no tenían nada más que unas miserables economías que, año tras año, habían guardado en una caja de ahorros. Y de todas maneras mi madre consideraba que le pertenecían, ya que ella y mi padre las habían ahorrado juntos, separando de sus ingresos sumas que quizá habrían necesitado. La idea de que ese dinero pudiera ir a parar a otras manos, aunque fueran las de sus hijos, le parecía una idea incongruente e insoportable. «¡Pero es mía! Nos ajustamos el cinturón para poder tener esa reserva, por si acaso», exclamó con la voz cargada de indignación cuando, después de que el banco le anunciara que debía repartir los pocos miles de euros que figuraban en su cuenta común entre sus hijos y que solo le correspondía una mísera parte, tuvo que pedirnos que firmáramos un documento que le dejaba el usufructo de esa «herencia».

Lo cierto es que ese chico que frecuenté brevemente en el liceo me dio el gusto por la lectura, una relación diferente con lo escrito, una adhesión a la creencia literaria o artística que, al principio, no fueron más que un juego, pero que poco a poco fueron volviéndose cada vez más reales. En el fondo, lo que contaba era el entusiasmo y el deseo de descubrir todo. El contenido vino después. Gracias a esa amistad, mi rechazo espontáneo —es decir, fruto de mi origen social— por la cultura escolar no desembocó en un rechazo por la cultura a secas, sino que se transformó en una pasión por todo lo relativo a la vanguardia, la radicalidad, la intelectualidad (Duras y Beckett me seducían, pero Sartre y Beauvoir pronto les disputaron la supremacía en mi corazón y, en la medida en que fui descubriendo esos autores y sus obras por mí mismo, la mayoría de las veces al ver sus nombres bajo una petición —en particular durante Mayo del 68— me volcaba hacia ellos: así compré *Destruir, dice,* apenas lo publicaron, en 1969, cuya tapa de Éditions de Minuit me pareció mágica, para luego entusiasmarme con las *Memorias,* de Beauvoir). Así pasé sin transición de mis lecturas de niño —la serie del *Club de los cinco,* de la colección «Bibliothèque rose», cuyos volúmenes me habían encantado antes de entrar al liceo— al descubrimiento entusiasta de la vida literaria e intelectual contemporánea. Disfrazaba mi falta de cultura, mi ignorancia de los clásicos, el hecho de que no había leído casi nada de lo que todos los demás ya habían leído a mi edad —*Guerra y paz, Los miserables,* etc.—, con una actitud altanera y despectiva hacia ellos, burlándome de su conformismo: me trataban de «esnob», lo que, por supuesto, me fascinaba. Me inventé una cultura al tiempo que me inventaba una personalidad y un personaje.

¿En qué se convirtió ese chico a quien debo tanto? No tuve la más mínima idea hasta que, hace algunos meses, emprendí una búsqueda por internet. Vivimos en la misma ciudad, pero habitamos planetas diferentes. Él continuó interesándose por la música y parece que adquirió cierta notoriedad en el mundo de la canción francesa al realizar los «arreglos» de varios discos exitosos. Así que no hay nada que lamentar: ¿qué podríamos habernos dicho, una vez cumplido el tiempo de la amistad adolescente? En el fondo, esa relación no duró más que tres o cuatro años. Y sospecho que para él no revistió la importancia que tuvo para mí.

Asimismo, mis elecciones escolares llevan la marca del entorno social desfavorecido del que provenía. No disponíamos de ninguna de las informaciones necesarias sobre las orientaciones[2] que convenía elegir, no dominábamos ninguna de las estrategias que permitían entrar en una orientación distinguida: opté por la literaria, cuando la elección correcta habría sido una científica (la más elegida en esa época, aunque es cierto que ya en tercero me había desconectado de las matemáticas y lo que me atraía eran las «letras»). En cuarto abandoné las clases de griego clásico, en las que me había destacado en sexto y quinto, pues me convencí de que no servían para nada —pero la razón principal era que el chico que mencioné anteriormente había decidido dejarlas y yo hacía mías sus opiniones sobre lo que había o no había que hacer, pues deseaba más que nada estar en el mismo curso que él— y solo seguí con latín, cuya importancia, de todas formas, me parecía cada vez menos evidente. Y a la inversa, en este caso, de quien me servía de «guía»”, elegí español como segunda lengua viva en lugar de alemán, idioma al que se orientaban los hijos de la burguesía o de las profesiones intelectuales. La clase de español reunía a los peores alumnos del liceo, desde el punto de vista escolar, y sobre todo a quienes venían de los entornos menos favorecidos (puesto que estos dos registros están estadísticamente relacionados). Dicha elección —que, por ende, no lo era— en realidad prefiguraba, tarde o temprano, la eliminación directa o la relegación a una de esas orientaciones depósito nacidas con la «democratización» y que demuestran a todas luces que esta no era más que una estafa. Yo ignoraba todo eso, por supuesto. Me dejaba llevar por mis aficiones. Me atraía el sur, España, y quería aprender español (mi madre me lo recordó recientemente, cuando me burlé de sus ilusiones biológicas sobre Andalucía: «Tú, también, de pequeño solo hablabas de España, aunque nunca habías estado allí. Tiene que haber una razón»). Alemania y el idioma alemán me provocaban una profunda aversión, incluso repulsión. En este sentido, yo era nietzscheano antes de haber leído a Nietzsche y conocido *Ecce homo* y *El caso Wagner:* el Mediterráneo como horizonte, el calor contra el frío, la

ligereza contra la gravedad, la vivacidad contra la seriedad.
La alegría del mediodía contra la tristeza del atardecer. Creía
que estaba eligiendo pero, en realidad, ya había sido elegido,
o captado, por lo que me esperaba. Me di cuenta de esto
cuando un profesor de literatura, que se preocupaba por que
me fuera bien, me hizo notar que haber elegido español me
había ubicado en una orientación de segunda categoría y
me obligaba a vegetar entre los peores alumnos del liceo. De
todas maneras, me di cuenta muy rápidamente, era el camino que seguían aquellos a quienes me parecía en lo social,
pero no aquellos a quienes me parecía en lo escolar (lo que
quiere decir que un chico de las clases populares, incluso
cuando es muy buen alumno, tiene todas las posibilidades
de tomar los caminos equivocados y de seguir el recorrido
incorrecto, es decir, encontrarse siempre separado y por de-
bajo de las vías de excelencia, que son tanto sociales como
escolares).

Llegué al último año con orientación «literaria». Las en-
señanzas de filosofía que me tocó recibir resultaron ser, lamentablemente, penosas hasta el absurdo: un profesor sombrío, aunque joven, ya que acababa de obtener el CAPES, el
Certificado de Aptitud para el Profesorado de Educación
Media, abordaba los temas del programa dictándonos una
lección cuidadosamente dividida en párrafos: «A, la tesis de
Bergson; B, la tesis de…». Sobre cada tema nos leía sus fichas
y proponía insípidos resúmenes de doctrinas y obras que él
mismo solo debía de conocer a través de manuales escolares.
No problematizaba nada. Había desaparecido cualquier tipo
de desafío. No servía para nada y, por ende, era imposible que
resultara interesante. Apreciaba y aconsejaba a sus alumnos
libros ridículos (¡a algunos de nosotros nos prestó *El retorno
de los brujos,* de Louis Pauwels, y otras idioteces del estilo!).
Yo ardía en deseos de que me iniciaran al pensamiento y la
reflexión. Estaba listo para entusiasmarme y la más aburrida

de las rutinas profesorales vino a aguar mi pasión. Lograba quitarnos todo el gusto por la filosofía. No tuve la suerte de tener a uno de esos profesores cuya labia hace vibrar a la clase y a los que uno recuerda de por vida, que presentan autores cuya obra uno se pone a devorar inmediatamente. No, nada de eso, salvo el aburrimiento y la monotonía. Hacía «novillos» cada vez que podía. Para mí, la filosofía era el marxismo y los autores que Marx citaba. Por medio de Marx, me apasioné por la historia del pensamiento filosófico. Leía mucho y, como consecuencia de ello, obtuve una excelente nota en el *baccalauréat*. Lo mismo sucedió con las otras materias (en Historia me preguntaron sobre Stalin: yo era trotskista, ¡me sabía todo!) y aprobé el examen sin el más mínimo problema, incluso muy fácilmente. Para mis padres era un hecho apenas imaginable. Estaban emocionados.

Fui a inscribirme en la Facultad de Letras y Ciencias Humanas. Había que elegir una materia y dudaba entre Inglés y Filosofía. Opté por Filosofía, que se correspondía más con la imagen que tenía de mí mismo y que desde ese momento ocuparía mi vida y modelaría mi persona. En todo caso, me sentía halagado por mi propia elección. Convertirme en un «estudiante de filosofía» me ponía ingenuamente contento. No sabía nada de las clases preparatorias para las *Grandes Écoles*, de los *hypokhâgnes* y los *khâgnes*,[3] ni de las Escuelas Normales Superiores a cuyos concursos de entrada permiten acceder. Cuando estaba en el último año del instituto, ni siquiera sabía de la existencia de unos y otras. No solo el acceso a dichas instituciones es lo que estaba reservado, y sigue estándolo, quizá cada vez más, para los alumnos que no provienen de las clases populares, sino el mero conocimiento de que tales posibilidades existen. Así que para mí ni siquiera eran una opción. Y cuando oí hablar de ellas, ya en la universidad, me sentí —¡qué inocencia!— superior a aquellos quienes, extrañamente a mi parecer, seguían estudiando en el marco de un liceo después de haber obtenido el *baccalauréat,* mientras que «ir a la facu» me parecía como aquello a lo que todo estudiante debía aspirar. Una vez más, la ignorancia de las jerarquías escolares y la falta de dominio de los mecanismos de selección lo llevan a uno a tomar las decisiones más contraproducentes, a elegir los trayectos condenados, mientras se asombra por haber accedido a lo que quienes saben evitan cuidadosamente. En efecto, las clases desfavorecidas creen estar accediendo a las posiciones de donde antes se las excluía, pero para cuando acceden a ellas, dichas posiciones ya han perdido el lugar y el valor que tenían en un estadio anterior del sistema. La relegación se efectúa más lentamente, la exclusión se produce más tardíamente, pero la distancia entre dominantes y dominados sigue intacta: se reproduce desplazándose. Es lo que Bourdieu llama «traslación de la estructura».[4] Lo que se denominó «democratización» es una traslación en la que la estructura, más allá de las apariencias de cambio, se perpetúa y se mantiene casi igual de rígida que antes.

3

Apenas había entrado a la universidad, cuando un día mi madre me dijo, con el tono de alguien que ha reflexionado profundamente antes de anunciar su decisión: «Podemos pagarte dos años en la facu, pero después vas a tener que ir a trabajar. Dos años ya es bastante». Para ella (como para mi padre), seguir estudiando en la universidad hasta los veinte años era un gran privilegio. Todavía no era plenamente consciente de que los estudios literarios en una universidad de provincia no eran nada más que —o casi nada más que— una vía de relegación. Sin embargo, sabía que era un tiempo demasiado corto para tener una salida profesional, ya que hacían falta tres años para obtener una maestría y cuatro para la licenciatura. Los nombres de esos diplomas me parecían maravillosos. No sabía que ya habían comenzado a perder casi todo su valor. Pero, como quería ser profesor en un liceo, necesitaba obtenerlos antes de poder pasar los concursos de reclutamiento para la enseñanza secundaria, el CAPES y la *agrégation*. Y además, no podía pensar en abandonar la universidad tan rápidamente, ya que me había apasionado por la filosofía. Por supuesto, no por la polvorienta y soporífera filosofía que me enseñaban allí, sino la que yo mismo me enseñaba, es decir, principalmente Sartre y Merleau-Ponty. También me apasionaban los marxistas humanistas de los países del Este, en particular Karel Kosik, cuya *Dialéctica de lo concreto* ejercía sobre mí una extraña seducción: no conservo ningún recuerdo de ese libro, salvo el hecho de que me gustaba tanto que lo leí y releí varias veces, de una punta a la otra, durante dos o tres años. También admiraba *Historia y conciencia de clase,* del primer Lukács (abominaba el segundo, el de los años cincuenta, por sus ataques estalinistas contra Sartre y el existencialismo en *El asalto a la razón*), Karl Korsch y algunos otros autores que defendían el marxismo abierto, no dogmático, como Lucien Goldmann, un sociólogo caído en el olvido, quizá injustamente, pero muy importante en esa época, cuyas obras, *El Dios oculto* y *Las ciencias humanas y la filosofía,* me parecían como el cénit de la sociología de las obras... Mis disertaciones estaban colmadas con referencias a estos autores, lo que debía de parecerles bastante incongruente a los profesores reaccionarios para los que escribía (dos de ellos acababan de publicar conjuntamente un libro titulado *Un crime, l'avortement* [El aborto, un crimen]), los cuales —si bien estaban persuadidos de que yo era, de lejos, el mejor estudiante que habían tenido, como me afirmó uno de ellos— me los devolvían con comentarios que aplaudían «la originalidad de mi reflexión», pero con notas que no se decidían a establecer por encima del 10/20. Así pues, estaba abonado a ese diez, que a veces subía hasta un doce, cuando les seguía el juego, con resultados más o menos felices, citando a Lavelle, Nédoncelle, Le Senne o algún otro de sus autores predilectos... Solo podía brillar en los trabajos de Historia de la Filosofía, aunque el Platón o el Kant que les devolvía nunca dejaban de parecer demasiado marcados por la lectura que hacían de ellos los pensadores que me inspiraban.

Cuando uno entraba en ese Departamento de Filosofía, donde reinaba un desalentador y descorazonador letargo, en total contraste con la animación que caracterizaba a las demás áreas de la facultad, llegaba hasta un universo cerrado del que los ruidos y colores de la realidad exterior parecían haber sido desterrados. Daba la impresión de que en ese lugar el tiempo se había detenido en una eternidad inmóvil: Mayo del 68 no había pasado por allí, tampoco la crítica social, política, teórica que había acompañado y prolongado ese gran movimiento de revuelta. Yo ansiaba aprender, descubrir el pensamiento del pasado y del presente, comprender su relación con el mundo circundante, y resulta que terminábamos abrumados por explicaciones aburridas y redundantes de autores y textos que alcanzaba con leer uno mismo para entender y apreciar su alcance mejor que aquellos a quienes pagaban para exponérnoslos. Todo eso socavaba el espíritu escolar, en el sentido más triste y desolador del término. En esa época se creaban y desarrollaban facultades por toda Francia y creo que no eran muy estrictos en cuanto a la calidad de quienes nombraban como profesores. Lo cual terminó siendo disuasivo: el número de estudiantes se fue diluyendo a lo largo de los meses y yo mismo, al final de mi primer año, casi me vi arrastrado por esa ola de deserción. Por otra parte, esto no era más que la amplificación de un fenómeno más general, en la medida en que esta misma suerte acechaba, en todas las disciplinas, a una buena parte de los estudiantes de las clases populares que habían logrado sobrevivir hasta allí: después del marco que les daba el liceo, quedaban librados a sí mismos para organizar su trabajo y no lograban mantener una constancia. Como ninguna presión de su entorno familiar los obligaba a continuar, por el contrario, la máquina de eliminar se ponía muy rápidamente en marcha y tenía como mecanismo principal la fuerza centrífuga del desinterés y el abandono.

Atravesé un periodo de incertidumbre: al final del primer año, solo pude aprobar mis exámenes en la fecha de recuperaciones, en septiembre, lo que me provocó un sobresalto. Decidí perseverar. Pero experimentaba por esas encarnaciones caricaturescas de cierta mediocridad universitaria que eran los profesores sobre los que acabo de hablar sentimientos que me gustaba imaginar semejantes a los que Nizan expresa en su libro sobre los profesores de la Sorbona en las décadas de 1920 y 1930: la ira frente a esos «perros guardianes» de la burguesía. Pero no tenían nada que ver: los filósofos contra quienes Nizan la emprende tan duramente eran, todos ellos, mentes brillantes y profesores eminentes. Se dirigían a jóvenes de la clase dominante y se las ingeniaban para reforzar en ellos una visión del mundo que propiciara el mantenimiento del orden establecido. ¡Pero los míos! Repetidores sin talento de una cultura que se empecinaban en volver inútil vaciándola de toda sustancia, incapaces de mantener nada, puesto que no transmitían nada a sus alumnos, los cuales, de todas maneras, no tenían ninguna oportunidad de acceder algún día a posiciones de poder. ¡Nada! Salvo, a pesar de ellos y contra ellos, el deseo de algunos de sus alumnos de ir a buscar en otro lado y de leer otras cosas.

Evidentemente, todo lo que constituía mi horizonte intelectual era completamente ajeno a mis profesores. Esto daba lugar a situaciones cómicas, como el día en que, habiendo citado a Freud en una presentación, me objetaron que él «reducía todo a los más bajos instintos del hombre», o cuando mencioné a Simone de Beauvoir y el mismo profesor ultracatólico que reinaba en el Departamento de Filosofía me interrumpió con un muy seco: «Usted parece desconocer que la señorita De Beauvoir le faltó el respeto a su madre», en alusión, supongo, a la —sin embargo— tan bella *Una muerte muy dulce,* en la que Beauvoir —¡señorita! Reí durante meses por esa manera de llamarla— relata la muerte, y también la vida, de su madre.

Nos tocaban clases sobre Plotino y Maine de Biran (yo no entendía nada y me esforzaba por encontrarles algún interés), pero jamás sobre Spinoza, Hegel o Husserl, que parecían no haber existido. En cuanto a la «filosofía contemporánea», no llegaba más allá del existencialismo (que uno de los profesores abordaba en el marco de una clase muy escolar, pero bien informada, sobre «Bergson y el existencialismo», donde demostraba todo lo que Sartre le debía a Bergson). Durante los cuatro años que pasé en ese departamento, jamás escuché hablar de Lévi-Strauss, Dumézil, Braudel, Benveniste, Lacan, etc., cuya importancia se reconocía desde hacía tiempo. Y tampoco, ni que decir tiene, de autores como Althusser, Foucault, Derrida, Deleuze, Barthes, entre otros, que sin embargo ya gozaban de gran notoriedad. Pero eso era en París y nosotros estábamos en Reims. Si bien nos encontrábamos a solo ciento cincuenta kilómetros de la capital, un abismo nos separaba de la vida intelectual que, en ese entonces, se estaba reinventando allí con una intensidad sin parangón desde el periodo de posguerra. En el fondo, el entusiasmo filosófico de mi juventud se relacionaba, soy bien consciente de ello, con mi situación provinciana y mis orígenes de clase. Lo que vivía como la elección de un tipo de pensamiento filosófico en realidad me había sido dictado por mi posición social. Si hubiese estudiado en París o en un lugar ubicado a menor distancia de los polos donde se elaboraban —y celebraban— las nuevas corrientes teóricas y de pensamiento, mis elecciones hubieran recaído sobre Althusser, Foucault o Derrida y no en Sartre, al que hubiese mirado con desdén, como, según descubrí algo más adelante, era de rigor en el medio parisino, donde preferían a Merleau-Ponty, a quien juzgaban más serio porque era menos célebre en el «siglo» (Althusser lo resalta en sus memorias póstumas). Sin embargo, aún hoy estoy convencido de que Sartre es un pensador mucho más potente y mucho más original que Merleau-Ponty, quien más bien era un profesor, un universitario clásico en extremo, cuya reflexión, por otra parte, se inspiró durante largo tiempo en las ideas de Sartre, antes de romper con él. Para generalizar, me habría preocupado por estar al tanto de las producciones más avanzadas de la modernidad intelectual. Pero, en ese tiempo y ese lugar, solo juraba por Sartre. Para mí, realmente era san Sartre. Retrospectivamente, no lamento ese entusiasmo pasado. Prefiero haber sido sartreano antes que althusseriano. Además, después de un largo periodo de ruptura con esos primeros amores intelectuales, mi tendencia «existencialista» volvió a convocarme cuando desarrollé mi propia obra, en la que la referencia a Sartre se entremezcla y se conjuga con mis lecturas más tardías de Foucault y Bourdieu.

Pero para poder seguir interesándome por ese pensador que me fascinaba, iba a tener que ganarme la vida. Muchos estudiantes conjugaban sus estudios con una actividad profesional que les permitiera subvenir a sus necesidades. Y yo no tenía más opción que resignarme a ser uno de ellos si no quería evitar que mis aspiraciones a la vida intelectual se estrellaran contra la pared de un principio de realidad —económica— que me recordaban casi todos los días en mi casa.

Pero un golpe de suerte llegó para abolir esa necesidad. No sé cómo me enteré ni cómo se me apareció la idea de probar suerte. El caso es que, al terminar mi segundo año de universidad, me inscribí como candidato y rendí las pruebas del IPES (lo que debía de querer decir: Instituto Pedagógico para la Enseñanza Secundaria, pero no estoy seguro). El escrito consistía en una disertación general y un comentario de texto. No sería capaz, hoy en día, de decir cuál era el tema de la disertación. El texto que había que comentar era un fragmento de *El mundo como voluntad y representación*, de Schopenhauer. Acababa de leer varias obras sobre Nietzsche y, en particular, sobre su relación con Schopenhauer; armado con ese saber reciente, no tuve ninguna dificultad para brillar. El resto de los candidatos, probablemente desconcertados por la singularidad y dificultad de ese pasaje, no lo hicieron tan bien. Cuando publicaron los resultados, comprobé con alegría que en la lista de aprobados solo había un nombre: el mío. Era el único que quedaba en competición, todavía debía pasar por dos instancias orales, pero el partido estaba casi ganado. En Sociología apenas obtuve una nota promedio, pero en Lengua extranjera —había elegido el inglés— pude traducir sin el más mínimo error un texto de Marcuse y mi comentario —en el que asocié su idea de «atomización» con el concepto sartreano de serialidad— me valió las felicitaciones de la profesora del Departamento de Inglés que me tomó el examen y una nota bastante alta. Había superado los obstáculos e iba a convertirme en «alumno-profesor»: tenía un salario asegurado por al menos dos años, quizá tres si obtenía una mención «muy bien»[1] en mi tesina de licenciatura (lo que finalmente sucedió). Lo más sorprendente es que no pedían nada a cambio durante el tiempo que duraba la carrera: uno se comprometía simplemente a trabajar durante diez años en la enseñanza media una vez aprobados los concursos de reclutamiento (CAPES y *agrégation*). Pero, en esa época, el número de puestos era tan exiguo (pasé la *agrégation* dos veces: el primer año, el número se elevaba a dieciséis, el segundo, catorce para más de mil candidatos), que no tenía ninguna oportunidad de aprobar. Para lograrlo —y nada ha cambiado desde entonces, por el contrario—, había que seguir el camino real: clases preparatorias y Escuelas Normales Superiores. Mi fracaso estaba decidido de antemano. Lo descubriría más adelante. En ese momento, solo me importaban mi nueva situación y la felicidad que me causaba: iba a cobrar un sueldo para poder dedicarme a estudiar.

Abrí una cuenta en el banco y, apenas empezó a llegar el dinero, alquilé una habitación en la ciudad, cerca del centro, a pesar de la reticencia de mis padres, que hubiesen preferido que siguiera viviendo con ellos y que «entregara mi paga». Ellos habían satisfecho mis necesidades y a mi madre le costó mucho entender y aceptar que yo abandonara el domicilio familiar el mismo día en que comenzaba a ganarme la vida, en lugar de ayudarlos a mi vez. Eso debe de haberla perturbado. Dudó, estoy seguro. Pero incluso aunque era menor de edad (la mayoría se alcanzaba a los veintiún años), se resignó y no buscó impedírmelo. Poco tiempo después, decidí mudarme a París. Tenía veinte años. Había soñado tanto con eso. Estaba fascinado por las *Memorias* de Beauvoir y todo lo que ellas evocaban, quería conocer los lugares que Beauvoir y sus allegados frecuentaban, las calles de las que hablaba, los barrios que describía. Hoy sé que todo eso corresponde al dominio de la leyenda heroica, que se trata de una visión harto mistificada. Pero esa leyenda me maravillaba, me hipnotizaba. A decir verdad, era una época en que la vida intelectual, sus relaciones con la vida política, social y cultural ejercían una atracción magnética y suscitaban el deseo de participar en ese mundo del pensamiento: admiraba a las grandes figuras, me identificaba con ellas, ardía en deseos de integrar ese gesto creador. Me proyectaba a mí mismo en el futuro en la figura de un intelectual, alguien que escribiría libros, intercambiaría ideas en el curso de discusiones apasionadas, intervendría en la política, tanto desde el punto de vista práctico como teórico... Podría decir que los libros de Simone de Beauvoir y el deseo de vivir libremente mi homosexualidad fueron las dos grandes razones que rigieron mi mudanza a París.

Seguía inscrito en la universidad de Reims, ya que el salario que recibía provenía de la región, por lo que volvía casi todas las semanas para ir a clases o, más bien, para hacer acto de presencia. Allí hice mi licenciatura. Redacté una tesina sobre «El yo y el otro en el existencialismo francés», en la que me abocaba a los primeros trabajos de Sartre, hasta *El ser y la nada*, y su relación con Husserl y Heidegger. No conservé ninguna copia y solo tengo una idea vaga de su contenido.

Salvo que, al final de la introducción, atacaba el estructuralismo, especialmente a Lévi-Strauss y el Foucault de *Las palabras y las cosas,* cuyo mayor error consistía, a mis ojos, en
«negar la historia». No había leído a ninguno de los dos, pero
lanzaba en su contra los lugares comunes que prosperaban
entre los autores marxistas que se habían vuelto mis referentes, en particular Lucien Goldmann y, sobre todo, Sartre,
quien no había dejado de reafirmar, contra el pensamiento
estructuralista, la libertad del sujeto, que había rebautizado
como «praxis» en sus textos de los años sesenta. Allí se esforzaba por reelaborar —conservándolos— los principios filosóficos definidos en *El ser y la nada* para conciliarlos con su
adhesión ulterior al marxismo y así hacer un lugar a las determinaciones históricas, sin dejar de mantener la idea ontológica de un desgarramiento fundamental de la conciencia
—la neantización— de la pesantez de la historia y de la lógica de los sistemas, de las reglas, de las estructuras...

Obtuve mi diploma con mención, lo que me permitió conseguir un año suplementario del IPES, gracias al cual pude
abandonar finalmente esa universidad que, en aquel tiempo,
debía de ser una universidad de tercera categoría. Me inscribí para hacer un DEA[2] en la Sorbona (París-I), mientras
preparaba la *agrégation.* Por razones que no recuerdo, si bien
la región de Reims me seguía pagando, yo ya no estaba obligado a inscribirme en esa ciudad. Probablemente porque el
DEA constituía el primer año de la tesis y, por ende, ya no
tenía la obligación de respetar las asignaciones geográficas
del «mapa escolar». Había vivido en París dos años y finalmente podía estudiar en París... Reims había quedado atrás.
Ya no iba por allí. Mi vida era parisina. Y era feliz. En la
Sorbona tuve buenos, incluso excelentes, apasionantes profesores. Comparados con los de Reims, eran la noche y el día.
Durante dos o tres años, asistí asiduamente a las clases de
varios de ellos. En cierta manera, fue en ese momento cuan-

do me convertí en un estudiante de filosofía. Tenía que recuperar el tiempo perdido —podía medirlo todos los días comparándome con quienes compartía los bancos de los anfiteatros— y pasaba todo mi tiempo leyendo. Se podría hablar de una educación filosófica diferida, a la que me entregaba sin reservas: Platón, Descartes y Kant recuperaban sus colores y finalmente podía descubrir con seriedad a Spinoza y Hegel...

Defendí con éxito mi DEA, para el cual redacté una tesina sobre Nietzsche y el lenguaje (¿qué hice con ella? No lo sé. No estoy seguro de haber guardado un ejemplar), y suspendí, como tenía que ser, la *agrégation*. No me afectó demasiado porque me lo esperaba. Había entendido que no estaba al nivel de un concurso de ese tipo.

Entonces me inscribí para hacer la tesis y elegí trabajar con las filosofías de la historia, desde Hegel hasta el Sartre de *Crítica de la razón dialéctica*. No se me ocurrió llegar hasta Foucault y *Vigilar y castigar*, que acababa de ser publicado, pero que no tenía ni las ganas ni la intención de leer. Sin embargo, poco tiempo después descubriría la obra emergente de Pierre Bourdieu y luego la de Foucault, ya bien establecida. Mi universo teórico daría un vuelco. Y, como consecuencia, Sartre quedaría desplazado a un recóndito lugar de mi mente, antes de resurgir, unos quince años más tarde, de ese purgatorio interior adonde lo había enviado en esa época. Pero para poder llevar a cabo mi proyecto de tesis y poder presentarme una segunda vez a la *agrégation*, necesitaba, en ese momento, conseguir un empleo. Al suspender la *agrégation* al final del año del DEA, mis condiciones de vida cambiaron: había dejado de cobrar un sueldo y debía arreglármelas para ganar algo de dinero. Trabajé como vigilante nocturno varias noches por semana en un hotel de la calle de Rennes (salía a las ocho de la mañana y me iba directamente a las clases de la Sorbona, antes de volver por la tarde para dormir. Era agotador y solo pude soportar ese ritmo algunos meses). Luego encontré un trabajo vespertino, desde las dieciocho hasta medianoche, a las afueras de París: vigilaba unas computadoras que, en esa época, parecían grandes armarios metálicos, y me aseguraba de salvaguardar los datos que zumbaban en esas máquinas grabándolos en cintas magnéticas del tamaño de una bobina de película. A medianoche, me precipitaba a la estación para subir en el último tren a París. No era para nada apasionante, pero al menos disponía de tiempo para leer y aprovechaba las horas que pasaba encerrado en la oficina para estudiar seriamente los autores del programa (me veo leyendo a Descartes y Leibniz durante tardes enteras). Cuando suspendí la *agrégation* por segunda vez, a pesar de haber obtenido bastante buenas notas en el escrito, estaba desesperado. Había puesto mucha esperanza y mucha energía en ese concurso y en la idea de que podría convertirme en profesor de enseñanza media, y no había servido para nada. La Educación Nacional no me quería para enseñar en un liceo, por lo que fui liberado de mi compromiso de trabajar diez años en el cuerpo de profesores, ya que no lograron proveerme de un puesto de «docente auxiliar», es decir, de profesor suplente, no titular. Tampoco contaba con los medios económicos que me permitieran seguir estudiando mucho más tiempo para poder hacer carrera en la universidad. Pude comprender hasta qué punto era evidente que solo los «herederos», privilegiados social y económicamente, podían acceder a ella. Había huido de mi entorno social, pero mis orígenes me habían atrapado: iba a tener que renunciar a mi tesis, a mis ambiciones intelectuales, a las ilusiones que las sostenían. La verdad negada de lo que yo era volvía a mí y me imponía su ley: debía encontrar un trabajo de verdad. ¿Pero cómo? ¿Y cuál? Aquí puede verse claramente que el valor de los diplomas está estrechamente ligado con la posición social: no solo mi DEA no había constituido una vía de acceso a la tesis, como sí lo había sido para otros, ya que para eso me hacía falta dinero para vivir mientras la escribía (si no, uno se obstina en creer que la está escribiendo, hasta el día en que tiene que rendirse a la evidencia: uno no la escribe porque tiene un empleo que devora todo su tiempo y energía), sino que además —y aquí enuncio una verdad cuya obviedad es tan flagrante que es inútil que me entretenga demostrándola— tal diploma reviste distinto valor y ofrece distintas posibilidades según el capital social del que uno disponga y el volumen de información necesaria sobre las estrategias de reconversión del título en salida profesional. En tales situaciones, la ayuda de la familia, las relaciones, las redes de conocidos, etc., todo confluye para darle al diploma su verdadero valor en el mercado del trabajo. Hay que decir que yo casi no tenía capital social. O, para ser más precisos, no tenía. E información tampoco. Así que mi diploma no valía nada o, al menos, no gran cosa.

V

Cuando rememoro esos años de mi adolescencia, Reims aparece no solo como el lugar de un anclaje familiar y social que debía abandonar para poder existir de manera diferente, sino también —y fue igualmente determinante en lo que guio mis elecciones— como la ciudad del insulto. ¿Cuántas veces me trataron de «marica» u otras palabras equivalentes? No sabría decirlo. Desde el día en que lo conocí, el insulto nunca dejó de acompañarme. Ah, cierto, lo conocía desde siempre... ¿Quién no lo conoce? Se lo aprende cuando se aprende a hablar. Incluso antes de saber lo que significaba, lo oía tanto en mi casa como fuera del hogar.

Conté más arriba que mi padre expresaba su cólera hacia las personalidades de la política cuando miraba la televisión. Lo mismo sucedía cuando veía aparecer en la pantalla aquellos a quienes aborrecía por su sexualidad, real o supuesta. ¿Jean Marais aparecía en los créditos de una película? Entonces mi padre repetía, cada cinco minutos: «Es un marica», «es un mariposón», «es una loca», y esto tanto más cuanto mi madre nunca dejaba pasar una ocasión de decir que le parecía guapo. A ella no le gustaban ese tipo de expresiones y le respondía sistemáticamente: «¿Y a ti qué más te da?»; o bien: «Cada uno hace lo que quiere, no es de tu incumbencia...». A veces cambiaba el registro y se ponía burlona: «Quizá, pero tiene más dinero que tú». Descubrir, poco a poco, cuáles eran mis deseos y mi sexualidad significó, para mí, entrar en esa categoría previamente definida y estigmatizada por esas palabras insultantes y sentir el efecto de terror que ejercen en quienes las reciben y las sienten como algo a lo que se arriesgan a estar expuestos toda la vida. El insulto es una cita tomada del pasado. Solo tiene sentido porque fue repetido por tantos otros locutores anteriormente: «Una palabra vertiginosa, venida del fondo de las eras», como dice un verso de Genet. Pero también representa, para la persona a la que está dirigido, una proyección hacia el futuro: el terrible presentimiento de que esas palabras y la violencia que cargan lo acompañarán durante toda su vida. Volverse gay es volverse el blanco —y darse cuenta de que uno ya era el blanco potencial incluso antes de convertirse realmente en él, e incluso antes de tener conciencia de ello— de un vocablo oído mil veces y cuya fuerza injuriante se conoce desde siempre. Uno está precedido por una identidad estigmatizada que viene, a su vez, a habitar y encarnar y con la que hay que apañárselas de una manera u otra. Y si bien las maneras posibles son variadas y numerosas, todas ellas están marcadas por el sello de este poder constituyente del acto de injuriar. Esto no quiere decir que la homosexualidad sea una salida que uno inventa para no ahogarse, como propone Sartre con una expresión enigmática acerca de Genet, sino más bien que la homosexualidad exige encontrar una salida para no sofocarse. No puedo dejar de pensar en que la distancia que se estableció —y que yo me esforcé por establecer— con mi entorno social y la autocreación de mí mismo como «intelectual» constituyeron la manera que inventé para poder hacer frente a aquello en lo que me estaba convirtiendo y en lo que solo podía convertirme inventándome diferente a aquellos de quienes difería. Más arriba, al evocar mi trayectoria escolar, me describí como un «milagro»: en lo que me concierne, podría ser que el resorte de ese «milagro» haya sido la homosexualidad.

Así, antes de descubrir que estaban hablando de mí, el insulto me era familiar. Yo mismo lo usé más de una vez y, para ser franco, continué diciéndoselo a otros, cuando tenía catorce o quince años, aun después de haber entendido que se refería a mí, con el fin de desviarlo de mí, de protegerme de él: con dos o tres alumnos de mi clase, nos burlábamos de un chico del liceo que nos parecía afeminado y al que tratábamos de «marica». Al insultarlo, indirectamente me estaba insultando a mí mismo y lo más triste es que confusamente lo sabía. Pero me empujaba el irresistible deseo de afirmar mi pertenencia al mundo de los «normales», evitar el riesgo de que me excluyeran de él. Probablemente también era una manera de mentirme a mí mismo tanto como a los demás: un exorcismo.

Sin embargo, me convertí con rapidez en el destinatario directo del insulto, pues me lo decían a mí personalmente. Me rodeó. Y aún más: me definió. Me acompañaba a todas partes para recordarme que mi conducta era contraria a las reglas, a la norma, a la normalidad. En el patio del liceo, en el barrio donde vivía... Estaba allí, agazapado, listo para aparecer. Y aparecía casi de manera inevitable. Cada vez que me dirigía a un lugar de encuentros, una vez que descubrí la existencia de tales sitios, a los diecisiete años —en este caso, una calle poco discreta entre el Grand Théàtre y el palacio de justicia— un coche bajaba la velocidad y unos pobres diablos gritaban «¡maricones!» a quienes se encontraban allí. Era como si una conspiración organizada hubiera decretado que tal agresión verbal solo podría tomar toda su fuerza y volverse completamente eficaz si se la repetía de modo incesante y en todas partes. Tuve que aprender a vivir con los insultos. ¿Cómo hacer si no? Pero nunca logré acostumbrarme realmente. El acto reiterado de la designación injuriosa que me dirigían me atravesaba como una navaja cada una de las veces y también me aterrorizaba, pues quería decir que sabían o presentían lo que yo era, mientras que yo trataba de ocultarlo, o que me asignaban un destino, el de estar sometido por siempre a esa denuncia omnipresente y a la maldición que esta pronunciaba. Me exponían en la plaza pública: «Ved lo que es, ¿realmente cree que puede burlar nuestra vigilancia?». De hecho, toda la cultura que me rodeaba me gritaba «maricón», cuando no era «marica», «mariposón», «loca» y otros vocablos repugnantes cuya simple evocación reaviva en mí el recuerdo, siempre presente, del miedo que me inspiraban, la herida que me infligían, el sentimiento de vergüenza que grabaron en mi espíritu. Soy un producto de la injuria. Un hijo de la vergüenza.

Me dirán: el insulto está en segundo lugar, el deseo está primero, ¡y es de eso de lo que habría que hablar! Es cierto que uno se vuelve objeto de la injuria porque experimenta el deseo que esta condena. Y yo deseaba a los chicos de mi clase, a los del club de remo del que participé por algún tiempo (entre los trece y los quince años), a los de la organización política en la que milité a los dieciséis años... Y fue con dos chicos de ese club de remo y luego con un chico de mi clase que tuve mis primeras experiencias sexuales. Pero no con los de la organización trotskista de la que hablé. Incluso si no se inclinaban hacia la homofobia que reinaba en el Partido Comunista o en los movimientos maoístas, la militancia trotskista era profundamente heterosexista y, por lo menos, poco abierta a la homosexualidad. En ese entonces, se recitaba un catecismo reichiano sobre la «revolución sexual», un freudomarxismo en el que la condena de la homosexualidad del marxismo tradicional se mezclaba con la que proponía el psicoanálisis: la idea según la cual la sociedad burguesa se apoyaría en la represión de la libido y el desvío de la energía de la libido hacia la fuerza de trabajo y, en consecuencia, la liberación sexual contribuiría al advenimiento de otro sistema social y político, contenía una opinión despreciativa sobre la homosexualidad, considerada como un simple efecto de los tabúes sexuales, destinada a desaparecer cuando ellos lo hicieran. En realidad, sentía cada día que en el marxismo no había lugar para mí y que en ese contexto, como en todos los demás, debía vivir una vida dividida. Estaba partido al medio: mitad trotskista, mitad gay. Dos identidades separadas, que parecían irreconciliables y que, de hecho, me resultaba muy difícil conciliar y cada vez más difícil mantener unidas. Entiendo por qué el movimiento gay de los años setenta solo pudo nacer rompiendo con ese tipo de organización y pensamiento político, aunque, en algunos de sus componentes, siguió estando profundamente marcado por la ideología reichiana.[1] Y es en gran parte contra este discurso freudomarxista y, de manera más general, contra el marxismo y el psicoanálisis, que Foucault comenzó a escribir, a mediados de los años setenta, *Historia de la sexualidad*, con la intención de darle un nuevo enfoque a la cuestión del poder y la transformación social: su objetivo era liberar al pensamiento crítico y a la radicalidad emancipadora no solo del freudomarxismo, sino también, y con la misma firmeza, del marxismo y del psicoanálisis, de la «hipótesis comunista» y de la hipoteca lacaniana.[2] ¿Cómo no deplorar, entonces, dicho sea de paso, la siniestra regresión que representa que hayan vuelto a la escena intelectual contemporánea esos viejos dogmatismos estáticos y esterilizantes y, por supuesto, muy frecuentemente hostiles al movimiento gay y a los movimientos sexuales en general? Un regreso que parece haber sido producido y convocado, como el revés solidario de un mismo paradigma político, por el momento reaccionario que venimos atravesando desde hace ya muchos años.

Lo cierto es que tanto esos deseos —mis deseos— como sus muy escasas realizaciones estaban destinados al silencio y al secreto. ¿Qué es un deseo que debe acallarse, ocultarse, negarse en público; que vive temeroso de que se burlen, lo estigmaticen o psicoanalicen y que luego, una vez superada la etapa del miedo, debe afirmarse, reafirmarse incesantemente y proclamar, a veces de manera teatral, sobreactuada, agresiva, «desmesurada», «prosélita», «militante», su derecho a existir? Un deseo que lleva en sí una fragilidad esencial, una vulnerabilidad consciente de sí misma y que se experimenta en todo lugar y en todo momento; un deseo acechado por la inquietud (en la calle, en el lugar de trabajo, etc.). Y tanto más porque la injuria también es el conjunto de palabras peyorativas, despectivas, denigrantes, sarcásticas, humillantes que uno oye sin ser el destinatario directo: la palabra «maricón» y sus sinónimos, que se repiten de manera obsesiva en las conversaciones de la vida cotidiana, en la escuela, en el liceo, en familia... Y que hacen que uno se sienta golpeado, irritado, helado, en la medida en que, incluso si los que hablan con uno no parecen imaginar que hablan de uno, es fuerte la sensación de que le están apuntando y le están disparando a uno mismo con ese vocablo que destinan a alguien más o que utilizan de manera general en referencia a una categoría vaga, pero de la que uno se siente parte, mientras desea con todas sus fuerzas no pertenecer a ella. (Probablemente ese sea uno de los resortes psicológicos más poderosos de la voluntad, tan poderosa y tan duradera, de desidentificación en gays y lesbianas y también del horror que les inspira a algunos de ellos la propia existencia de un movimiento gay y lésbico, que contribuye a que exista una imagen pública, que se afirma como tal, de lo que ellos quisieran relegar a la esfera de lo privado para poder gozar de un «derecho a la indiferencia» social, aunque esa ilusión quede desmentida por su experiencia personal, en la que experimentaron, cada día, hasta qué punto lo privado y lo público están inextricablemente unidos, hasta qué punto lo «privado» es una producción de la esfera pública, es decir, hasta qué punto el psiquismo en sus recovecos más privados está modelado por los mandatos de la normatividad sexual). La injuria real o potencial —es decir, la que uno recibe efectivamente o la que uno teme recibir, y cuya interrupción intenta frustrar, o incluso aquella, obsesiva y violenta, por la que uno se siente acosado en todas partes y en todo momento— constituye desde ese momento el horizonte de la relación con el mundo y con los otros. El ser-en-el-mundo se actualiza en un ser-insultado, es decir, inferiorizado por la mirada social y la palabra social. El objeto del acto inferiorizante de la nominación se produce como un sujeto sometido por las estructuras del orden sexual (la injuria no es más que su punta acerada) y es toda su conciencia —y su inconsciente, suponiendo que aquí se pudiera trazar una separación clara entre esas dos esferas estrechamente ligadas una con otra— la que se encuentra marcada y moldeada por lo que se convierte en el propio proceso de construcción de sí mismo y de la identidad personal. Así pues, no hay nada puramente psicológico, sino más bien la acción tan insidiosa como eficaz de las normas sexuales y las jerarquías que estas rigen y que fabrican día tras día los psiquismos y la subjetividad.

2

Asimismo y al mismo tiempo, Reims fue la ciudad en la que logré, atravesando las mil y una dificultades, construirme como gay, es decir, vivir una vida gay, incluso antes de asumirme y reivindicarme como tal. Ya que mientras uno intenta persuadirse de que sería mejor no serlo —un «marica»—, internamente uno se pregunta al mismo tiempo y muy intensamente cómo convertirse en uno: cómo encontrar compañeros —sexuales, amorosos— y también amigos, gente con quien hablar libremente. Y un día uno descubre que existen lugares de encuentro. Yo me enteré de una extraña manera: el verano de mis diecisiete años, mientras trabajaba durante las vacaciones escolares en una compañía de seguros, una de las empleadas, que no dejaba de burlarse a espaldas de su jefe de área, me dijo, riendo: «¡Es una loca! Si pasas por la noche cerca del teatro, lo vas a ver buscando una cita». Esa información me llegó de la mano de una injuria terrorífica, pero no por eso la información era menos inaudita. Es cierto que el jefecito en cuestión, frecuentemente autoritario y tajante, era objeto permanente de las burlas de las jóvenes que estaban bajo sus órdenes. Parecía estar persuadido de que nadie estaba al corriente de su sexualidad, pero todo en sus gestos, su voz, su manera de andar y de hablar clamaba ante los demás lo que tanto quería ocultarles. Y, como suele suceder entre los gays que buscan ocultar lo que son hasta el punto de que su identidad sexual problemática termina ocupando toda su mente, no podía evitar hablar de ello y contaba en cualquier ocasión bromas y «chistes», siempre salaces, sobre la homosexualidad —que probablemente circulaban en el ambiente gay que frecuentaba— y realmente parecía creer que ese humor indecente dirigido contra aquellos con quienes temía que se lo asociara alcanzaba para alejar de él cualquier sospecha. Volví a encontrar con frecuencia, bajo múltiples formas, el mismo tipo de actitud dual, de atracción-repulsión, que conduce —uso el presente porque sigue existiendo— a un gran número de gays a evocar en forma compulsiva la homosexualidad, pero de manera ostensiblemente despectiva o con asco, con el fin de poner a distancia a aquellos con quienes los atan tantos vínculos (¿no podríamos postular que el paradigma de esta actitud, como quiso resaltar André Gide en su *Diario*, se encuentra en la persona y la obra de Proust, si bien el resultado, es necesario decirlo, no siempre se sitúa a esa altura?).

Enterarme, al tiempo que ponían una etiqueta infamatoria sobre quienes iban allí, de que existía un lugar como ese me sacudió como una revelación milagrosa. Temiendo que alguien me reconociera, ya que estar allí significaba que uno era una «loca», inmediatamente ardí en deseos de ir a ver qué sucedía y quizá conocer a alguien. Esa misma noche, o la siguiente, tomé mi *vélosolex* para ir al centro. La dejé bastante lejos de esa calle donde algunos hombres entraban furtiva y rápidamente a los baños públicos, a los que se accedía por una escalera de algunos escalones. Otros deambulaban por la calle, más lejos. Y los demás se quedaban sentados en sus coches hasta que arrancaban súbitamente y entonces un segundo coche seguía al primero y ambos conductores iban a hablar a un sitio al abrigo de las miradas. Ya no recuerdo si alguien me abordó esa primera noche. O si sucedió más adelante. En todo caso, esa fue mi entrada al mundo gay. Y una vía de acceso a toda la subcultura que está vinculada con él.

Nunca bajé a ese mingitorio. Me daba asco. Y me inquietaba. Todavía no sabía que los baños públicos son uno de los contextos tradicionales de los encuentros homosexuales. Pero esa calle y las calles adyacentes, la plaza del teatro y los alrededores de la catedral, no lejos de allí, constituyeron, desde ese momento, el escenario de una parte de mi vida nocturna. Pasaba allí noches enteras, caminando sin cesar, o aparentando que hacía una llamada en la cabina contigua a la parada del autobús, para que no pudieran pensar que buscaba un encuentro. En los días posteriores a mi «primera vez», la empleada, gracias a quien me había enterado de la existencia de ese lugar y a quien, decididamente, no se le escapaba nada, me dijo, con un tono mitad irónico, mitad intrigado: «Te vi cerca del teatro... ¿Buscabas una cita?». Inventé una historia: «No, para nada, iba a ver a un amigo que vive al lado», pero mi respuesta era poco creíble y mi tono de voz debía de dejar traslucir mi perturbación. Su opinión estaba formada. Por otra parte, ella no me manifestó ninguna hostilidad. Las palabras injuriosas que empleaba con frecuencia surgían de lo que podría llamarse «homofobia por costumbre», y si ese mismo día me hubiera animado a confesarle que era gay, me habría ubicado en la categoría de las «locas», se habría burlado de mí en mi ausencia, pero eso no habría modificado la simpatía que sentía por mí ni la amistosa amabilidad por medio de la cual se esforzaba por expresarla a cada instante. Así se instaló entre nosotros un extraño nexo en el que la desconfianza se mezclaba con una complicidad de naturaleza incierta: ella sabía lo que yo era, yo sabía que ella lo sabía, ella sabía que yo sabía que ella sabía... Yo temía que les contara a los demás —algo que probablemente no se privó de hacer— y ella jugaba con ese temor haciendo alusiones que yo esperaba ser el único en entender. Había entrado a trabajar en esa compañía de seguros para dos meses, por intermedio de la mujer de mi hermano —su futura esposa, en realidad, porque todavía no estaban casados—, que trabajaba allí, y me aterraba la idea de que la que me había descubierto le contara acerca de su hallazgo. ¿Lo hizo? Es probable que sí, pero nada salió a la luz. Pronto llegó el final del verano y nunca más vi a esa joven, pero volví a encontrarme frecuentemente con ese tipo de situaciones en las que se imbrican los juegos del saber y del poder. Pensé en ella cuando, veinte años más tarde, leí, en *Epistemología del armario*, los análisis de Eve Kosofsky Sedgwick sobre el «privilegio epistemológico» del que gozan los heterosexuales, la manera en que manipulan el conocimiento que detentan sobre qué son los homosexuales, cuando estos quisieran tanto escapar a la influencia de esa mirada. Las páginas que Sedgwick dedica a estas cuestiones, particularmente su esclarecedor capítulo sobre Proust, despertaron en mí cantidad de ecos de mis experiencias pasadas.[1]

En esa época también había un bar gay en Reims y eran muchos los que preferían la discreción que ofrecía, antes que el peligro de exponerse a la mirada pública en la calle. Pero no me habría animado a ir (y tampoco me habrían dejado entrar, por mi edad). De todas maneras, por una mezcla de puritanismo de izquierdas y elitismo intelectual o que creía serlo, en esa época consideraba que los bares y las discotecas eran divertimentos condenables o, al menos, despreciables.

Los espacios de encuentro como ese son asimismo espacios de sociabilidad y aprendizaje de una cultura específica: cada conversación, ya sea con gente con la que uno se irá un poco más tarde, con gente con la uno no querrá irse o con la que se cruza cada vez que va y que termina conociendo, muchas veces sin saber gran cosa de ellos, constituye, para un joven gay, el medio para socializar en el mundo gay, una manera de volverse gay, en el sentido de una impregnación cultural informal. Se oyen los chismes sobre quién «es» en la ciudad, se aprenden los có-

digos, la jerga específica, las maneras de hablar propias de los
gays (el uso del femenino, por ejemplo), las bromas tradicionales («*quelle heure est-elle?*», «*quel temps fait-elle?*»)[2] y, por medio de estas discusiones y charlas, u observando las bibliotecas
y los discos de aquellos a quienes uno acompaña a casa, uno
se inicia a todo un conjunto de referencias: libros en los que se
aborda la homosexualidad (así fue como oí hablar por primera
vez de Genet, a quien me apresuré a leer, pero también de
autores de menor envergadura), cantantes glorificadas por los
gays (me apasionaría por Barbara, al igual que tantos otros,
después de haber escuchado sus discos en casa de uno de mis
amantes, que la veneraba; luego descubrí —o quizá lo hice en
ese mismo momento— que era un icono gay), música clásica
y ópera (que en ese entonces eran para mí continentes desconocidos y muy lejanos y que, años más tarde, gracias a esas
iniciaciones e incitaciones, exploraría con gran fervor y me
volvería no solo aficionado, sino conocedor. No faltaría a ningún concierto, a ningún espectáculo, compraría varias versiones
de una misma obra, leería las biografías de los compositores:
Wagner, Mahler, Strauss, Britten, Berg, etc.), entre otros. En
esas conversaciones, uno escucha hablar de otros lugares de
encuentro, a los que se apresura a ir, o de la vida gay en París,
con la que uno sueña... Así, miles de discusiones informales
que se dan noche tras noche en ese tipo de lugares durante los
mil encuentros entre habituales y recién llegados se ensamblan,
sin que nadie tenga realmente conciencia de ello, para formar
el vector, que atraviesa todas esas «iniciaciones» individuales,
de una verdadera transmisión de herencia cultural (una herencia múltiple, por supuesto, según las edades y las clases sociales,
y que se transforma a lo largo del tiempo, pero que da forma a
los contornos de una «cultura» específica o, si se lo prefiere, de
una «subcultura»). Así, la literatura de la «iniciación» —se piense en *Los monederos falsos,* de Gide, o en *Du pur amour* y *L'École
des garçons,* de Jouhandeau— puede servir como metonimia o

metáfora para describir un fenómeno mucho más amplio de subjetivación por enseñanza-aprendizaje, al igual que la relación entre el director de conciencia y el discípulo en las escuelas filosóficas de la Antigüedad le pudo servir a Foucault, al final de su vida, como metonimia o metáfora —o simplemente un desvío— para pensar procesos más amplios de algunas formas de la relacionalidad gay.

En todo caso, los lugares de encuentro funcionaban como escuelas de la vida gay. Incluso si, claro está, no se lo percibía tan claramente en el momento en que dicha transmisión de saber tenía lugar. En *Gay New York,* que abarca el periodo 1890-1940, George Chauncey describió y teorizó magníficamente lo que acabo de evocar, y mi propia evocación le debe mucho a lo que él me permitió aprehender mejor y entender mejor.[3] Cuando lo leí, a mediados de los años noventa, reconocí tantas cosas que yo mismo había conocido en Reims a fines de la década de 1960 y a principios de la década de 1970 que sentí una extraña y vertiginosa impresión de intemporalidad —iba a decir universalidad— de la experiencia homosexual. Lo cual resulta paradójico, ya que el objetivo de ese libro es historizar el mundo gay, tanto las categorías de la sexualidad que rigen sobre él como las prácticas sociales y culturales que lo organizan y le dan vida. Chauncey busca mostrar, a la vez, que la cultura gay no esperó a fines de los años sesenta y los disturbios de Stonewall para existir y que era profundamente diferente de la que conocemos hoy. Es una obra muy emocionante, en la medida en que puede leerse como un homenaje rendido a todos los que lucharon para poder vivir su vida y hacer que su existencia fuera vivible: un himno a esa resistencia cotidiana, obstinada, inextirpable, inventiva que los gays opusieron a las fuerzas de la cultura dominante que los amenazaba incesantemente, los maltrataba, los humillaba, los reprimía, los acosaba, los perseguía, los golpeaba, los hería, los arrestaba, los encarcelaba... Por cierto, el primer fenómeno que analiza y que constituye incluso el punto de partida de su reflexión, profundamente inspirada por la sociología urbana desarrollada por la Escuela de Chicago, es el de la ciudad: cómo la gran ciudad atrae a los gays y cómo se las arreglan para crear y recrear permanentemente las condiciones de vida que les permiten vivir su sexualidad, cómo construyen espacios de libertad y dibujan una ciudad gay en la ciudad heterosexual. Por supuesto, ¡esto no quiere decir que solo haya vida gay en las grandes ciudades! Las ciudades pequeñas y el campo también albergan lugares de encuentro y, por ende, formas de sociabilidad y relacionalidad que no por ser menos numerosas, estar menos concentradas y ser menos visibles son menos reales, pero la amplitud no es la misma. En todo caso, al leer a Chauncey encontré el relato de varias experiencias que yo mismo había atravesado o de las que había sido testigo. Y, sobre todo, encontré, bajo lo que designa con el término de «mundo gay», una reconstitución del conjunto de prácticas cotidianas y procesos múltiples que permiten armarse una vida gay separada de la vida social que uno lleva aparte y en la que uno sabe que es preferible que no lo identifiquen como gay. Ese mundo gay y esos modos de vida gays no resultan únicamente de la «sexualidad», sino también de la creación social y cultural de uno mismo como sujeto. Se los puede describir como los lugares, los soportes y las modalidades de una subjetivación tanto individual como colectiva.

Sin ninguna duda, existen —como nos invitan a pensar en la actualidad cantidad de hermosos trabajos— geografías y temporalidades específicamente gays o *queer*: dónde y cómo viven quienes no se inscriben en la «norma». También es indudable que esas mismas personas cuya existencia está parcialmente definida por tales espacio-tiempos no podrían vivir allí de un modo permanente: lo que caracteriza las vidas gays o *queer* sería más bien la capacidad —o la necesidad— de pasar constantemente de un espacio al otro, de una temporalidad a otra (del mundo anormal al mundo normal y viceversa).

3

En esos lugares de encuentro, lamentablemente, uno también se veía enfrentado a múltiples formas de violencia. Se cruzaba con gente rara o medio loca y había que estar siempre en guardia. Y, sobre todo, uno estaba expuesto a las agresiones físicas de los gamberros, o bien, a los frecuentes controles de identidad de la policía, que llevaba a cabo un verdadero hostigamiento. ¿La situación ha cambiado? No lo creo. Qué terror me invadió el día que sufrí un control por primera vez —debía de tener diecisiete años— cuando los policías me dijeron que era un enfermo mental, que tendría que hacer un tratamiento, que avisarían a mis padres, que estaría fichado de por vida... Eso fue solo el comienzo de una larga serie de interacciones con la policía, siempre acompañadas por insultos, sarcasmo, frases amenazadoras. Después de algunos años, dejé de preocuparme: se convirtió en uno más de los elementos de mi vida nocturna. Ciertamente no el más agradable, pero en el fondo no tenía grandes consecuencias (para alguien como yo, al menos, ya que el riesgo es mayor cuando se vive en una ciudad muy pequeña en la que todo se sabe o cuando no se tienen los documentos en regla). Más graves son las agresiones físicas. Me tocó varias veces ser víctima de esa forma extrema de violencia homofóbica. Por suerte me libré sin mayores daños, pero en otra época conocí a un joven que había perdido un ojo después de que un grupo de *«casseurs de pédés»*[1] lo moliera a golpes. Debo mencionar igualmente las innumerables agresiones de las que, a lo largo de los años, fui testigo impotente, reducido a machacarme durante días, semanas, el cobarde alivio de haberme salvado y la tristeza, el asco de haber asistido a esos desenfrenos de brutalidad a los cuales los gays siempre temen ser sometidos y frente a los cuales están desarmados. Más de una vez me pasó de abandonar precipitadamente uno de esos lugares y escapar por poco a la suerte que se abatía sobre los demás. Poco después de haberme mudado a París, un día que caminaba en la parte abierta del jardín de las Tullerías, que era uno de los lugares de encuentro que me gustaba frecuentar cuando caía la noche y donde siempre había mucha gente, vi venir de lejos a un grupo de jóvenes, evidentemente malintencionados. La tomaron con un hombre bastante mayor, al que se pusieron a moler a palos y, cuando cayó al suelo, a patadas. Un patrullero pasaba por la avenida que, en esa época, bordeaba el parque. Lo detuve gritando a sus ocupantes: «¡Están pegando a alguien en el jardín!». Me respondieron: «No tenemos tiempo para perderlo con maricas», y siguieron su camino. En cualquiera de las ciudades que debía visitar por una u otra razón y adonde iba a conocer un lugar de encuentro, asistía a escenas como esa: pandillas impulsadas por el odio, que se precipitaban súbitamente sobre el jardín o el parque. Los presentes huían corriendo y los que no habían tenido la suerte de esquivarlos a tiempo se convertían en las víctimas de una paliza inevitable que, con frecuencia, pero no necesariamente, estaba acompañada por robos (relojes, billeteras, pasaportes y quizá ropa, si se trataba de chaquetas de cuero).

Los lugares gays están atormentados por la historia de esta violencia: cada camino, cada banco, cada espacio alejado de las miradas lleva inscrito todo el pasado, todo el presente y probablemente todo el futuro de esos ataques y esas heridas físicas que dejaron, dejan y dejarán tras de sí, sin hablar de las heridas psicológicas. Pero es en vano: a pesar de todo, es decir, a pesar de las experiencias dolorosas que uno mismo vivió o que vivieron otros y de las que uno fue testigo o le contaron, a pesar del miedo, uno regresa a esos espacios de libertad. Y siguen existiendo porque, pese al peligro, la gente sigue haciéndolos existir.

Si bien la aparición de sitios de encuentro en internet produjo cambios radicales y profundos en las maneras de entrar en contacto con potenciales parejas y, de manera más general, en las modalidades de sociabilidad gay, nada de lo que acabo de describir ha desaparecido, por supuesto. Cada vez que leo en el diario, y no es tan infrecuente, que han encontrado un hombre muerto en un parque —o en su equivalente funcional: plaza de estacionamiento, bosque, área de descanso de una autopista— «que durante la noche es frecuentado por homosexuales», todas esas imágenes se me hacen presentes, y vuelvo a sentirme invadido por un sentimiento de indignación e incomprensión: ¿por qué la gente como yo debe sufrir esa violencia, vivir bajo esa amenaza permanente?

A eso debe agregarse la desvalorización social y la patologización médica (presente en los discursos psiquiátricos y psicoanalíticos sobre la homosexualidad) que representaban otro tipo de agresión: no física, sino discursiva y cultural, y cuya prevalencia —por no decir omnipresencia— en el espacio público se inscribía en una violencia homofóbica general por la que uno se sentía literalmente rodeado. Y eso se ha perpetuado hasta el día de hoy, como mostraron hasta la obscenidad las verdaderas razias simbólicas que se desataron en los debates sobre el reconocimiento jurídico de las parejas del mismo sexo y las familias homoparentales: ¿cuántos escritos pretendidamente científicos —psicoanalíticos, sociológicos, antropológicos, jurídicos, etc.— resultaron no ser más que los engranajes de un dispositivo ideológico y político encargado de garantizar la perpetuación del orden instituido y las normas opresoras y de mantener las vidas gays y lesbianas en el estado de inferioridad y desasosiego en el que toda la cultura las había ubicado hasta aquí y del que los y las que viven esas vidas hoy se esfuerzan precisamente por salir?

Sí, ¿por qué cierto número de personas están condenadas a ser el blanco del odio de los demás (se exprese de manera brutal por medio de las agresiones físicas en los lugares de encuentro o de manera eufemística a través de las agresiones discursivas provenientes del espacio intelectual y pseudocientífico)? ¿Por qué algunas categorías de la población —gays, lesbianas, transexuales; o judíos, negros, etc.— deben cargar con el peso de estas maldiciones sociales y culturales de las cuales resulta tan difícil imaginar qué las motiva y reactiva incansablemente? Me hice esta pregunta durante mucho tiempo: «¿Por qué?». Y también la siguiente: «¿Y nosotros qué hemos hecho?». Para estos interrogantes no hay otra respuesta más que la arbitrariedad de los veredictos sociales, su absurdo. Y como en *El proceso*, de Kafka, es inútil buscar al tribunal que pronuncia esas sentencias. No sesiona, no existe. Llegamos a un mundo en que la sentencia ya está dictada y, en algún momento de nuestra vida, ocuparemos el lugar de quienes fueron condenados a la vindicta pública, a vivir con un dedo acusador apuntándolos, y a quienes solo les queda intentar, mal que bien, protegerse de ella y lograr gestionar esa «identidad deteriorada», como la llama el subtítulo inglés del libro de Erving Goffman, *Estigma*.[2] Esta maldición y esta condena con las que hay que vivir instalan un sentimiento de inseguridad y vulnerabilidad en lo más profundo de uno mismo y un tipo de angustia difusa que marca la subjetividad gay.

Todo esto, es decir, todas estas realidades vividas a lo largo de los años, día tras día —esos insultos, esas agresiones, esa violencia discursiva y cultural—, está grabado en mi memoria (estaría tentado de decir «en mi ser»). Es parte integrante de las vidas gays, así como de las de todos los sujetos minoritarios y estigmatizados. Permite entender, por ejemplo, por qué el clima que reina en los primeros textos de Foucault, a lo largo de los años cincuenta, desde su prefacio al libro de Ludwig Binswanger, *Le Rêve et l'existence*, en 1954 (en el que su interés por la psiquiatría existencial lo acerca tanto al Fanon sartreano de *Piel negra, máscaras blancas*, publicado dos años antes), hasta la *Historia de la locura*, que terminó en 1960, es precisamente de angustia, la cual se expresa a través de todo el vocabulario de exclusión, extrañeza, negatividad, silencio obligado e, incluso, de la caída y de lo trágico, movilizado con una perturbadora intensidad. Al igual que Georges Dumézil, a quien le gustaba poner su investigación bajo la égida del dios Loki, describiendo a ese personaje del panteón escandinavo, con sus transgresiones sexuales y su rechazo del orden establecido, como el cliente ideal para una ficha psiquiátrica bien completa de nuestros días, lo que a sus ojos era un cumplido; si Foucault emprende el estudio de ese «Infierno» de la «negatividad» humana y de la «angustia» que la mirada médica buscaba reconocer y reducir al silencio, es para ponerlo a la luz del día, para transformar los balbuceos en palabras por derecho propio.[3] Al releer estos textos incandescentes y dolorosos de Foucault, que dieron inicio a su obra, reconocí en ellos algo mío: yo viví lo que él escribió y lo que había vivido antes que yo buscando una manera de escribirlo. Y aún hoy sigo vibrando en cada página con una emoción que viene de lo más profundo de mi pasado y con el sentimiento inmediato de una experiencia compartida. Sé hasta qué punto le resultó difícil superar esas dificultades. Intentó suicidarse varias veces. Y por largo tiempo estuvo caminando en un equilibrio incierto sobre la línea que separa la razón de la locura (en su autobiografía, Althusser lo expresa fantásticamente acerca de quien consideraba su hermano en «desgracia»). Logró salir gracias al exilio (en Suecia, al principio) y luego a través de un paciente trabajo de cuestionamiento radical del discurso pseudocientífico de la patologización médica. Entonces, opuso el grito de la sinrazón, categoría que engloba principalmente a la locura y la homosexualidad, entre otras «desviaciones», al monólogo que la psiquiatría —con lo que designa al discurso de los normales y de la normalidad— dirige a quienes considera sus «objetos» e intenta mantener subordinados. Toda la política de Foucault, en esa época, se despliega en ese marco definido por el enfrentamiento entre la exclusión y la toma de palabra, la patologización y la protesta, la sumisión y la revuelta.

La *Historia de la locura* puede leerse como un gran libro de resistencia intelectual y política. La insurrección de un sujeto sometido contra el poder de la norma y el sometimiento. En la continuación de su obra, a lo largo de sus sucesivos ajustes, Foucault nunca dejó de perseguir el mismo objetivo: pensar el enfrentamiento del sujeto con el poder de la norma, reflexionar acerca de las maneras de reinventar la propia existencia. Así pues no sorprende que esos textos movilicen a sus lectores hasta ese punto (a algunos de ellos, al menos, ya que tantos otros no ven más que materia de glosa académica): es porque hablan de ellos y se dirigen en ellos a las fallas y fisuras, es decir, a la fragilidad, pero también a la rebeldía y el gusto por el rechazo que pueden nacer de ella.

Sin dudarlo, podemos guardar *Historia de la locura* en los anaqueles de nuestras bibliotecas, o más bien de nuestras «sentimentecas», la palabra forjada por Patrick Chamoiseau para designar a los libros que «nos hacen señas» y nos ayudan a combatir en nuestro interior los efectos de la dominación,[4] junto a otro gran libro cuya intención fue discutir la mirada social y médica sobre las desviaciones y devolverles o darles un estatuto de sujeto del discurso y ya no de objeto, hacer oír sus palabras que discuten y recusan lo que los demás dicen de ellos: se trata, por supuesto, de *San Genet*, de Sartre. Ciertamente la diferencia es considerable: en el caso de Foucault y la lucha que emprende contra el apresamiento psiquiátrico y psicoanalítico, de lo que se trata es de sí mismo, lo que está en cuestión es su propia experiencia, lo que afirma es su propia voz, lo que defiende es su propia vida. Mientras que Sartre escribe sobre otro, es una trayectoria distinta de la propia la que busca analizar, con toda la empatía y todo el entusiasmo del que era capaz, para dar cuenta de los mecanismos de dominación y los procesos de invención de sí. Pero el parentesco entre los dos libros, uno publicado a principios de los años cincuenta, el otro a principios de la década de 1960, es evidente (un parentesco que podría ciertamente ser una filiación: ¡disfruto imaginando que Foucault fue profundamente marcado por el libro de Sartre! No podría haber sido de otra manera). Un gesto en común une el uno con el otro.

No descubrí esa obra de Foucault hasta finales de los años setenta (en 1977, me parece). Por tanto, después del libro de Sartre, que creo, si mi memoria no me falla, haber leído en 1974 o 1975. Y fue este último el que para mí contó primero, en un momento en que los libros constituían un punto de apoyo decisivo en el trabajo que debía emprender para reinventarme a mí mismo y reformular lo que era. O, más exactamente, cuando decidí asumir lo que era (y, por supuesto, reapropiarme entonces de lo que la hostilidad del ambiente me decía y repetía que era). Y asumirlo, reapropiármelo, cambiaba todo, o al menos muchas cosas. Fue una decisión que maduró lentamente dentro de mí y que se impuso al término de una larga vacilación: no me iba a pasar toda la vida sufriendo por sentir vergüenza, ni tampoco miedo, de ser gay. Era demasiado difícil. Insoportable. Corría el riesgo de volverme loco (de esa locura de la que viven los psicoanalistas y que, quizá por la misma razón, buscan perpetuar. Tuve la fuerza, o la suerte, y no podría decir por qué, de poder dar ese paso relativamente joven (a los diecinueve o veinte años), primero confiando ese «secreto» a algunos amigos, quienes, por cierto, ya lo sabían o lo presentían desde hacía tiempo y no entendían por qué yo no les decía nada, y luego reivindicando de manera teatral y ostentosa lo que me resultaba imposible mantener en «secreto» mucho más tiempo.

Podría escribir, inspirándome en la prosa metafórica y florida de Genet, que llega un momento en el que uno transmuta los escupitajos en rosas, los ataques verbales en una guirnalda, en rayos de luz. En resumen, un momento en el que la vergüenza se transforma en orgullo... Y ese orgullo es político, de punta a punta, ya que desafía los mecanismos más profundos de la normalidad y la normatividad. Entonces, uno no reformula lo que es a partir de la nada: lleva a cabo un trabajo lento y paciente para moldear la propia identidad a partir de la que nos impuso el orden social. Es por eso que uno nunca se libera de la injuria o de la vergüenza. Aún más cuanto el mundo nos llama al orden a cada instante, reactivando los sentimientos que quisiéramos olvidar, que a veces creemos haber olvidado. El hecho de que el personaje de Divina, en *Nuestra Señora de las Flores,* después de haber superado la etapa de la infancia o la adolescencia, en la que la vergüenza la abrumaba, para transformarse en una figura resplandeciente de la cultura ilícita de Montmartre, vuelva a ruborizarse cuando la insultan, se debe a que le es imposible ignorar las fuerzas sociales que la rodean y la acosan —las de la norma— y, por ende, los afectos que estas inscribieron y reinscribieron una y otra vez en lo más profundo del psiquismo de los individuos estigmatizados. Cada uno de nosotros lo sabe, pues lo experimenta en las situaciones más corrientes, cuando lo golpean y lo hieren, sin que uno se lo espere y a pesar de que uno creía estar inmunizado. No alcanza con invertir el estigma, para decirlo en palabras de Goffman, o con reapropiarse de la injuria y resignificarla para que su fuerza hiriente desaparezca para siempre. Uno siempre está caminando en un equilibrio incierto entre el significado hiriente de la injuria y su reapropiación orgullosa. Uno nunca está libre ni liberado. Se emancipa con mayor o menor éxito del peso que el orden social y su fuerza sometedora hacen pesar sobre cada uno en cada instante. Si bien la vergüenza es una «energía transformadora», según la bella expresión de Eve Kosofsky Sedgwick,[5] la transformación de sí mismo nunca se efectúa sin integrar los rastros del pasado: ese pasado se conserva, simplemente, porque se trata del mundo en el que uno socializó y que sigue presente en gran medida tanto en nosotros mismos como a nuestro alrededor, dentro del mundo en que vivimos. Nuestro pasado sigue siendo nuestro presente. En consecuencia, uno se reformula, se recrea (como una tarea que hay que retomar indefinidamente), pero no se formula ni se crea.

No tiene sentido querer oponer el cambio o la «capacidad de acción» *(agency)* a los determinismos y la fuerza autorreproductiva del orden social y de las normas sexuales, o un pensamiento de la «libertad» a un pensamiento de la «reproducción», ya que estas dimensiones están inextricablemente enlazadas y relacionalmente imbricadas. Tener en cuenta los determinismos no equivale a afirmar que nada puede cambiar, sino que los efectos de la actividad herética que cuestiona la ortodoxia y su repetición solo pueden ser limitados y relativos: la «subversión» absoluta no existe, como así tampoco la «emancipación»; en un momento dado uno subvierte algo, se desplaza un poco, realiza un gesto de distancia, da un paso al costado. Para decirlo en términos foucaultianos: no hay que soñar con una «liberación» imposible; como mucho, se pueden atravesar algunas fronteras instituidas por la historia y que ciñen nuestras existencias.

Así, la frase de Sartre en su libro sobre Genet revistió para mí una importancia capital: «Lo importante no es lo que hacemos de nosotros, sino lo que hacemos nosotros mismos con lo que hicieron de nosotros». Rápidamente se convirtió en el principio de mi existencia. El principio de una ascesis: del trabajo de uno sobre sí mismo.

Sin embargo, esta frase cobró un doble sentido en mi vida y valió, aunque de manera contradictoria, tanto para el ámbito sexual como para el ámbito social: apropiándome y reivindicando mi ser sexual injuriado en el primer caso; arrancándome a mi condición social de origen en el segundo. Podría decir: por un lado, al convertirme en lo que era y, por el otro, al rechazar lo que habría debido ser. Para mí, ambos movimientos fueron de la mano.

En el fondo, estaba marcado por dos veredictos sociales: un veredicto de clase y un veredicto sexual. Nunca se puede escapar a las sentencias así dictadas. Llevo en mí la marca de uno y otro. Pero como en un momento de mi vida entraron en conflicto uno con otro, debí moldearme a mí mismo utilizando uno contra el otro.

Epílogo

1

Lo que soy hoy tomó forma en la confluencia de esas dos trayectorias: había ido a París con la doble esperanza de poder vivir libremente como gay y convertirme en un «intelectual». Logré la primera parte del plan sin grandes dificultades. La segunda no había dado ningún resultado: después de fracasar tanto en mis intentos de entrar en la enseñanza media como en los de llevar adelante una tesis de doctorado, me encontré sin trabajo ni perspectivas. Me salvaron los recursos que ofrecía la subcultura gay. Los lugares de encuentro favorecen, hasta cierto punto, una mezcla entre las clases sociales. Uno se encuentra con gente con la que, de otro modo, no tendría la oportunidad de codearse, puesto que pertenece a entornos diferentes o viene de horizontes lejanos, lo que posibilita fenómenos de solidaridad y ayuda mutua que, al igual que la «transmisión cultural» que evoqué más arriba, no se viven ni se perciben directamente como tales en el momento en que se producen. En un sitio gay muy frecuentado en esa época, el jardín público emplazado detrás de Notre-Dame, conocí a un joven con quien mantuve una breve relación. Tenía veinticinco años. Ya no sabía qué hacer. Realmente me costaba aceptar lo obvio: iba a tener que abandonar las utopías en las que había proyectado tan inocentemente mi vida futura desde que había entrado en la universidad. Vagaba, indeciso, inquieto. ¿Qué me sucedería? Una noche, ese joven invitó a cenar a uno de sus amigos, que vino con su pareja. Ella trabajaba en *Libération*, un periódico que había nacido a comienzos de los años setenta con el apoyo de Sartre y Foucault, en la estela de las «luchas». Simpatizamos. Volvimos a vernos. Me pidió algunos artículos... Fui tenaz y me aferré a esa inaudita posibilidad que se me había presentado. Fue así como, poco a poco, me convertí en periodista. Para ser más preciso: periodista literario. Escribía reseñas de libros, realizaba entrevistas (la primera fue con Pierre Bourdieu acerca de *La distinción*, me acuerdo como si fuera ayer). Esa profesión se me aparecía como una manera impensada de acceder al mundo intelectual y ser partícipe de él. No era la forma que había imaginado en mis sueños de adolescente o estudiante, pero se le parecía. Almorzaba con editores, frecuentaba autores... Rápidamente trabé vínculos de amistad con varios de ellos e incluso vínculos de amistad muy estrechos con Pierre Bourdieu, Michel Foucault... Acababa de decidirme a abandonar mi tesis y, por un azar del destino, posibilitado por la articulación de necesidades sociales y decisiones azarosas, he aquí que me codeaba con todos los grandes nombres del pensamiento contemporáneo. No me quedé mucho tiempo en ese diario: ya se estaba transformando en uno de los principales vectores de la revolución conservadora sobre la que me he detenido varias veces a lo largo de este libro. Y en la vasta ofensiva que se estaba preparando en ese entonces para organizar —pues estuvo muy organizado— el vuelco hacia la derecha del campo político-intelectual, el ámbito de la filosofía y las ciencias sociales y el acceso de estas al espacio público y en particular al espacio mediático constituían, claro está, una cuestión central y hasta decisiva. Yo estaba demasiado vinculado con Bourdieu, con Foucault, me interesaba demasiado defender el pensamiento crítico, la herencia de Mayo del 68... Me convertí rápidamente en un indeseable. Pero había tenido tiempo de darme a conocer en el ambiente. Y el director de un semanario que no soportaba que Bourdieu lo desdeñara y declinara todas sus ofertas de aparecer en sus columnas, y que lo había transformado en una obsesión personal, me invitó a unirme a su equipo, para asegurarse de que eso ya no sucedería. No me gustaba ese periódico. Nunca me había gustado. Y, por añadidura, estaba aún más comprometido con el giro neoconservador que el diario que acababa de dejar. Dudé por mucho tiempo («de algo hay que vivir», me repetía Bourdieu para convencerme de que aceptara... «Le daré una entrevista y así lo dejarán en paz dos años»). De todas maneras, no tenía opción: ¡de algo había que vivir, efectivamente!

Ya desde los primeros días en *Le Nouvel Observateur* me sentí incómodo. Es un eufemismo. Y, sin embargo, mi apellido se asociaría por muchos años con ese periódico que todo en mí me llevaba a odiar. Nunca logré aceptar esa situación: una vez más me encontraba en una posición inestable. No se trataba de una simple animosidad, sino de un sentimiento de rechazo mucho más profundo. Un reducido clan universitario consideraba las páginas literarias de esa revista como un territorio que le estaba reservado y las utilizaba descaradamente para gestionar sus asuntos e intentar imponer, al conjunto de la escena político-intelectual, tanto su poder como su giro hacia el pensamiento reaccionario. Luchaban incesantemente contra todo lo que era eminente y les hacía sombra, contra todo lo que era y pretendía seguir siendo de izquierdas. Mi presencia importunaba sus planes. Y cada uno de mis artículos, cada una de mis entrevistas provocaba su furia, que se expresaba ya sea por medio de insultos o de amenazas (la vida intelectual, vista de cerca, no siempre es bella. La realidad se corresponde poco con la visión idealizada que se puede tener cuando uno aspira a ingresar en ella). Después de una serie de crisis y escaramuzas cuya brutalidad me dejó alucinado, decidí dejar de gastar mi energía en esas luchas agotadoras y estériles. Y desde ese instante consideré que ese «trabajo» no sería nada más que lo que me daba para vivir y que iba a aprovechar mi sueldo para escribir libros. A fin de cuentas, esas experiencias intolerables representaron un impulso extraordinario: me empujaron a bifurcar para orientarme hacia nuevas direcciones, a poner toda mi energía en marcha para transformarme una vez más.

Mis primeras aspiraciones a la escritura fueron literarias: comencé dos novelas, a las que les dediqué mucho tiempo entre mediados y fines de los años ochenta. El primer proyecto estaba inspirado por mis relaciones —y conversaciones— con Dumézil y Foucault. Quería describir a tres generaciones de gays a través de una cadena de amistad. Tres épocas, tres vidas, marcadas por permanencias y cambios. Escribí un centenar de páginas. Un poco más, quizá. Hasta un momento en que, como me costaba mucho avanzar, puse ese atado de papeles a dormir en un armario. Cada tanto volvía sobre lo que llamaba «mi novela», imaginando que un día lograría terminarla. ¡Ay! Cuando leí *La biblioteca de la piscina,* de Alan Hollinghurst, cuyo proyecto se asemejaba al mío, pude admirar su maestría y apreciar el abismo que separaba mis bosquejos de una obra terminada: tiré mi manuscrito a la basura, literalmente. El segundo habría puesto en escena una pareja inspirada en la que formaban Benjamin Britten y Peter Pears y habría tratado sobre la actividad creadora que está anclada en una relación amorosa. En esa época, había desarrollado una verdadera pasión por Britten y particularmente por sus óperas, muchas de ellas escritas para la voz de Pears (*Peter Grimes, Billy Budd, Muerte en Venecia,* etc.). ¿Me faltaba perseverancia? ¿O talento para la novela? ¿O simplemente tomé conciencia de que estaba jugando un juego? Movido por viejas ambiciones e incapaz de renunciar a ellas, representaba un papel. Fantaseaba con ser escritor, pero nada me predisponía a serlo. Poco a poco me deshice de esas tentaciones literarias, si bien nunca las olvidé por completo: aún hoy lamento, en algunos momentos, no haber tenido la paciencia o la fuerza para continuar por ese camino.

Un hilo común enlazaba esas tentativas abortadas: en ambos casos, mi interés recaía en la historia gay y la subjetividad gay. Extrañamente, nunca se me ocurrió construir un relato dedicado a las clases sociales tomando como punto de partida, por ejemplo, la trayectoria de un niño de las clases populares que se aleja de su familia, y en el que restituyera en ese marco la vida de dos o tres generaciones, con lo que los separa y lo que, a pesar de todo, sigue uniéndolos. En todo caso, no llevé más lejos mis incursiones en el ámbito de la ficción y me dediqué a lo que me atraía desde hacía tiempo y que había tardado en llevar a cabo: escribir sobre la vida intelectual, sobre la historia del pensamiento. Empecé con dos libros de entrevistas (con Georges Dumézil y Claude Lévi-Strauss). En un principio, era una extensión de mi actividad periodística. Pero pasar a la dimensión de un libro lo cambiaba todo. Mientras estaba escribiendo el primero, en 1986, Dumézil me sugirió escribir una biografía de Foucault, que había fallecido dos años antes. Me acompañó en los primeros pasos confiándome una gran cantidad de información y documentos, antes de extinguirse él también. Para mí, representó una manera de rendir homenaje a Foucault en una época en que su nombre y su obra eran insultados y difamados por las cuadrillas neoconservadoras que se habían apropiado de todas las esferas de expresión, una tras otra, lo que les permitía hacer creer que todo el mundo compartía su ideología y sus anatemas e incluso, como proclamaban, que un nuevo «paradigma» reinaba entonces en las ciencias sociales (cuando simplemente se trataba de una tentativa de tomar el poder). Ese libro intempestivo y ambicioso tuvo éxito y desempeñó, creo, un papel importante en la resistencia que comenzaba a manifestarse en el espacio público frente a la contrarrevolución ideológica que estaba prosperando. Fue inmediatamente traducido en varios países, lo que me valió invitaciones para participar en coloquios, dar conferencias... Poco a poco el periodismo se alejaba de mí o, en realidad, yo me alejaba de él. Es cierto que seguía publicando algunos artículos o haciendo algunas entrevistas al año, pero eran cada vez menos frecuentes y desde ese momento dediqué casi todo mi tiempo a escribir libros y participar de actividades universitarias en el exterior. Había cambiado de profesión. Esta nueva vida me dio un lugar entre autores y trabajos que renovaban el paisaje intelectual, principalmente porque se interesaban por cuestiones que hasta ese momento habían sido ampliamente olvidadas por la investigación.

Quise convertirme en parte activa de ese movimiento. Comencé a escribir textos más teóricos, el primero que publiqué fue *Identidades. Reflexiones sobre la cuestión gay*, seguido por *Una moral de lo minoritario*.

Había necesitado tiempo para pensar en mi propio nombre. Pues, para que uno pueda sentirse legítimo, es necesario haber estado legitimado por todo su pasado, por el mundo social, por las instituciones. A pesar de los sueños algo locos de mi juventud, no me fue fácil sentirme apto —es decir, socialmente autorizado— para escribir libros y ni hablar de libros teóricos. Están los sueños. Y está la realidad. Que ambos coincidan no solo requiere obstinación, también se necesitan circunstancias favorables. En mi casa, de pequeño, no había libros. Contrariamente a como Sartre se retrata en *Las palabras* —la autobiografía de su juventud, cuyo fin es restituir la historia de una «vocación» e incluso de una «misión», es decir, de una predestinación social a la vida literaria y filosófica—, yo no había sido «convocado».[1] En mi caso, escribir no representaba la llamada de un futuro ya contenido en mis juegos y trucos de niño ejecutados bajo la mirada de adultos maravillados y estupefactos por mi uso precoz del verbo y al que le llegaría su hora pasados los años. ¡Al contrario! Me esperaba otro destino: debía reducir mis deseos al nivel de mis posibilidades sociales. Así tuve que luchar —y al principio contra mí mismo— para autorizarme facultades y crearme derechos que otros tienen asegurados por adelantado. Tuve que avanzar a tientas por los caminos que, para algunos privilegiados, se asemejan a un recorrido señalizado. E incluso muchas veces tuve que trazar yo mismo esos caminos, en la medida en que los que ya existían resultaban estar cerrados para la gente como yo. El nuevo estatus que adquirí a mediados de los años noventa y el nuevo entorno internacional en el que me encontré implantado desempeñaron, en diferido, el papel que el *habitus* de clase y los caminos reales del recorrido escolar y universitario desempeñan para otros más temprano en su existencia.

Así, estuve mucho tiempo viajando por Europa, América Latina y, sobre todo, Estados Unidos: di conferencias en Chicago, hablé en coloquios en Nueva York o Harvard, enseñé en Berkeley, pasé una temporada en Princeton...

En Yale me dieron un premio. Mis trabajos sobre la historia intelectual, la homosexualidad y la subjetividad minoritaria me habían conducido entonces a un lugar donde mis orígenes de clase, situados en las profundidades del mundo social, nunca me habrían permitido creer que llegaría y, de hecho, me habían dejado pocas posibilidades de lograrlo.

2

Con motivo de la entrega de ese premio, debía pronunciar una conferencia bastante formal. Cuando me pidieron el título y el resumen, decidí releer críticamente los libros que me habían llevado hasta esa recompensa y esa ceremonia. Quería reflexionar sobre la manera en que uno construye retrospectivamente su pasado, a través de las categorías teóricas y políticas disponibles en la sociedad en la que uno vive. Comencé por evocar la muerte de mi padre, la tarde que pasamos con mi madre abriendo cajas de viejas fotos, el redescubrimiento del universo en el que había vivido en otra época y que volvía a mi memoria con cada una de ellas... Después de describir mi infancia como hijo de obreros, me pregunté por qué nunca se me había ocurrido ni había querido reflexionar sobre esa historia, o pensar a partir de ella. Cité un pasaje de una entrevista a Annie Ernaux que me había emocionado profundamente: cuando le preguntan acerca de la influencia que la obra de Bourdieu tuvo sobre su trabajo, cuenta que, habiendo emprendido el camino de la literatura de muy joven, había escrito en su diario (del año 1962): «¡Vengaré a mi raza!». Es decir —precisaba—, el mundo del que provenía, el de los «dominados». En ese entonces todavía dudaba acerca de la forma que debía adoptar para llevar a cabo ese proyecto. Algunos años más tarde —continuaba—, «con el trasfondo de Mayo del 68, el descubrimiento de *Los herederos*, con un malestar personal y pedagógico como telón de fondo», constituyó para ella «un mandato secreto» para «sumergirse» en su memoria y «escribir el desgarro de la ascensión social, la vergüenza, etcétera».

Al igual que ella, sentí la necesidad, en el contexto de un movimiento político y de efervescencia teórica que lo acompañaba, de «sumergirme» en mi memoria y escribir para «vengar a mi raza». Pero fue otra «raza» la que me esforcé por vengar y fue entonces otra memoria cuya exploración emprendí. Los movimientos colectivos, al dar a los individuos el medio para constituirse como sujetos de la política, les ofrecen, al mismo tiempo, las categorías a través de las cuales pueden percibirse a sí mismos. Estos modos de leerse a sí mismo se aplican al presente, por supuesto, pero igualmente al pasado. Los esquemas teóricos y políticos preceden e informan la manera en la que uno se piensa a sí mismo y así crean la posibilidad de una memoria colectiva e individual a la vez: es a partir de la política contemporánea que uno mira hacia atrás para reflexionar sobre la manera como se ejercieron los mecanismos de dominación y sometimiento y cómo se efectuaron las reformulaciones de uno mismo producidas por los procesos de resistencia, hayan sido conscientes o simplemente puestas en práctica día a día. Estos marcos políticos de la memoria definen, en gran medida, el niño que uno fue y la infancia que vivió.

Pero —y Halbwachs ya atraía nuestra atención hacia este punto—, si bien es cierto que la memoria colectiva, la del grupo al que uno pertenece o con el que uno se identifica y que contribuye así a crearlo, constituye la condición de la memoria individual, es igualmente cierto que cada individuo se inscribe en diversos grupos. Ya sea sucesiva o simultáneamente.[1] A veces, estos grupos coinciden, siempre evolucionan y se transforman de manera incesante. Como consecuencia, la «memoria colectiva» y, con ella, las memorias individuales y el pasado de los individuos no solo son plurales, sino también cambiantes. Toman forma en espacios y temporalidades múltiples, heterogéneas, que sería infructuoso querer reducir a la unidad o intentar jerarquizarlas decretando cuáles son importantes y cuáles no lo son. Después de todo, el primer libro de Annie Ernaux, *Los armarios vacíos*, de 1974, no evoca solo el mundo social de su infancia y adolescencia, sino que también cuenta la experiencia traumática, vivida por una joven de veinte años, de un aborto clandestino.[2] Y cuando más adelante, en *Los años*, volvió al momento en que surgió en ella el proyecto de escribir para recuperar todo lo que había «sepultado como vergonzoso», señaló hasta qué punto la «memoria que se deshumilla» había esbozado frente a ella un porvenir tanto político como literario e intelectual, que le había permitido reapropiarse de diferentes etapas de su trayectoria, de diferentes dimensiones constitutivas de su personalidad: «Luchar por el derecho de las mujeres al aborto, contra la injusticia social, y comprender cómo se convirtió en la mujer que es son, para ella, una misma cosa».[3]

Cuando el marxismo dominaba la vida intelectual francesa, la de la izquierda al menos, en mi época de estudiante, durante los años sesenta y setenta, las otras «luchas» parecían «secundarias» o incluso se las denunciaba como «divisiones pequeñoburguesas» que desviaban la atención del único combate digno de interés, el único combate «verdadero», el de la clase obrera. Al insistir en todas las dimensiones que el marxismo había dejado de lado —la subjetivación sexuada, sexual o racial, entre otras— porque concentraba su atención exclusivamente en la opresión de clase, los movimientos a los que se denominó «culturales» fueron llevados a proponer otras problematizaciones de la experiencia vivida y a dejar de lado, en gran medida, la opresión de clase.

¿Debemos admitir que la censura que ejercía el marxismo, y que dejaba fuera de los marcos de percepción política y teórica un conjunto de cuestiones tales como el género o la sexualidad, solo podía eludirse censurando o rechazando lo que el marxismo nos había acostumbrado a «percibir» como única forma de dominación? ¿Y que, por ende, la desaparición del marxismo, o al menos su desvanecimiento como discurso hegemónico de la izquierda, fue la condición necesaria para que se pudieran pensar políticamente los mecanismos del sometimiento sexual, racial, etc., y de la producción de las subjetividades minoritarias? Es probable que sí.

Pero ¿por qué deberíamos elegir entre diferentes combates contra distintos modos de dominación? Si lo que somos se sitúa en la intersección de varias determinaciones colectivas y, por lo tanto, de varias «identidades», de varios modos de sometimiento, ¿por qué había que instalar una más que otra en el centro de la preocupación política, aun cuando sabemos que todo movimiento tiende a imponer como primordiales y prioritarios sus principios específicos de división del mundo social? Y si son los discursos y las teorías los que nos fabrican como sujetos de la política, ¿no nos compete a nosotros construir discursos y teorías que permitan que nunca descuidemos tal o cual aspecto, que nunca dejemos fuera del campo de la percepción o fuera del campo de acción ningún ámbito de opresión, ningún registro de dominación, ningún señalamiento de inferioridad, ninguna vergüenza asociada a la interpelación injuriosa, etc.; teorías que también nos permitan estar listos para acoger cualquier movimiento nuevo que quiera presentar en la escena política nuevos problemas y palabras que no escuchábamos o que no nos esperábamos?[4]

En lo que a mí respecta, esa conferencia en Yale representó una verdadera prueba, en el sentido, entre otros, de un momento clave en un recorrido iniciático. Apenas la pronuncié, se me apareció la idea de retomar donde lo había dejado el libro que había comenzado poco después de la muerte de mi padre —y al que desde un principio había titulado *Regreso a Reims*— y que había abandonado algunas semanas más tarde, ya que me había parecido imposible seguir. Me puse a leer frenéticamente todo lo que podía relacionarse con esos temas. Sabía que un proyecto como ese —escribir sobre el «regreso»— solo puede llevarse a cabo a través de la mediación, debería decir el filtro, de las referencias culturales: literarias, teóricas, políticas... Ayudan a pensar y formular lo que uno quiere expresar, pero, sobre todo, permiten neutralizar la carga emocional que probablemente sería demasiado fuerte si uno debiera enfrentar lo «real» sin ese velo. Sin embargo, me había prometido que no leería la novela de Raymond Williams *En la frontera*[5] hasta que hubiera acabado mi último capítulo. Tenía el presentimiento de que su impronta se me impondría con demasiada fuerza. Así que esperé. Lo termino hoy, en el momento de la conclusión. La «intriga» comienza cuando un profesor de la Universidad de Londres se entera de que su padre acaba de sufrir un paro cardiaco y que sus días están contados. Se apura a tomar el tren. La narración se remonta entonces en el tiempo y desarrolla las etapas de un itinerario que va desde su infancia en las clases populares galesas hasta el momento en que vuelve junto a su familia antes del duelo que se anuncia, pasando por su alejamiento de su medio de origen y el malestar y la vergüenza que son sus efectos casi inevitables, y la obligación, una vez que ya «regresó», de revivir mentalmente su infancia y adolescencia. En el centro de esta historia se encuentra, por supuesto, su ida a la universidad gracias al apoyo de sus padres, quienes son conscientes de que sus esfuerzos y sacrificios tendrán como resultado separarlos de su hijo. En la última página, el personaje principal comprende que no es posible «regresar», abolir las fronteras instituidas tantos años atrás. Como mucho uno puede, intentando enlazar el pasado con el presente, esforzarse por reconciliarse consigo mismo y con el mundo que

abandonó. Declara muy reticentemente que «midió la distancia» y que, «midiendo la distancia», «se pone fin al exilio».

¿Tiene razón? ¿Se equivoca? No estoy seguro de poder
decidirlo. Lo que sé es que, al llegar al final de la novela,
cuando el hijo se entera de la muerte de su padre, con quien
acaba de renovar los lazos de un afecto desaparecido o simplemente olvidado, sentí que los ojos se me llenaban de lá-
grimas. ¿Iba a llorar? ¿Por qué? ¿Por los personajes del libro?
¿Mi propio padre? Con el corazón en un puño, volví a pensar
en él y lamenté no haber vuelto a verlo. No haber intentado
comprenderlo. O no haber intentado hablar con él en otro
tiempo. De hecho, de haber permitido que la violencia del
mundo social me venciera, como lo había vencido a él.

Algunos años antes, como me encontraba desprovisto una
vez más de un ingreso regular y asegurado, me pareció natural iniciar los trámites necesarios para entrar en la universidad
francesa. Mis libros y mi experiencia estadounidense en la
enseñanza me lo permitían. Después de un largo desvío, volvía a encontrarme con esos espacios que había debido dejar
a fines de los años setenta, ya que no estaba socialmente ha-
bilitado para pertenecer a ellos. Hoy enseño allí. Cuando le
anuncié a mi madre que me habían ofrecido un puesto, me
preguntó, emocionada:

—¿Y vas a ser profe de qué? ¿De filosofía?

—De sociología, en realidad.

—¿Y eso qué es? ¿Es sobre la sociedad?

NOTAS

CAPÍTULO 1

1 Claude Simon, *Le Jardin des plantes*, París, Minuit, 1997, pp. 196 y 197 [Hay trad. cast. de Silvia Kot: *El jardín botánico*, Buenos Aires, Perfil, 1999].

2 Designa la distancia entre, por un lado, las estructuras cognitivas incorporadas en el medio social de origen y, por otro, las actitudes, los gustos y los valores considerados legítimos en el mundo social en que el sujeto ha sido consagrado. *[N. del E.]*

3 Roland Barthes, *Journal de deuil*, París, Seuil, 2009, p. 83 [Hay trad. cast. de Adolfo Castañón: *Diario de duelo*, Barcelona, Paidós, 2009].

CAPÍTULO 2

1 Véase Didier Eribon, *Réflexions sur la question gay*, París, Fayard, 1999 [Hay trad. cast. de Jaime Zulaika: *Identidades. Reflexiones sobre la cuestión gay*, Barcelona, Bellaterra, 2000].

2 Publiqué la versión en francés de este prefacio en mi antología titulada *Hérésies. Essais sur la théorie de la sexualité*, París, Fayard, 2003 [Hay trad. cast. de José Miguel Marcén: *Herejías. Ensayos sobre la teoría de la sexualidad*, Barcelona, Bellaterra, 2004]. Para su versión en

inglés, véase *Insult and the Making of the Gay Self,* Durham, Duke University Press, 2004.

3   Paul Nizan, *Antoine Bloyé* (1933), París, Grasset, col. Les cahiers rouges, 2005, pp. 207-209.

4   Las *«cités hlm»* o simplemente *«cités»* son barrios que surgieron en Francia en los años sesenta como respuesta a la crisis de la vivienda. Están conformados por grupos de edificios que pertenecen a organismos estatales y cuyos pisos se alquilan a bajo costo a familias de pocos recursos. [N. de la T.]

5   Annie Ernaux, *La Place,* París, Gallimard, 1983 [Hay trad. cast. de Nahir Gutiérrez: *El lugar,* Barcelona, Tusquets, 2002]; *Une femme,* París, Gallimard, 1987 [Hay trad. cast. de Lycia Vázquez: *Una mujer,* Barcelona, Planeta, 1993]; y *La Honte,* París, Gallimard, 1997 [Hay trad. cast. de Mercedes Corral y Berta Corral: *La vergüenza,* Barcelona, Tusquets, 1999].

CAPÍTULO 3

1   James Baldwin, «Notes of a Native Son» (1955), en *Notes of a Native Son* (1964), Londres y Nueva York, Penguin Books, 1995, p. 98.

2   *Op. cit.*

3   «To avoid the journey back is to avoid the Self, to avoid life» (James Baldwin, *Conversations,* Fred L. Standley y Louis H. Pratt [eds.], Jackson University Press of Mississippi, 1989, p. 60). Acerca de todos estos temas, véase David Leeming, *James Baldwin: A Biography,* Nueva York, Alfred A. Knopf, 1994.

4   Se trata de un término peyorativo e injurioso que se utilizó para designar a los alemanes entre ambas guerras mundiales. [N. de la T.]

5   Acerca de todos estos temas, me remito a Virginie de Luca Barrusse, *Les Familles nombreuses. Une question démographique, un enjeu politique (1880-1940),* Rennes, Presses Universitaires de Rennes, 2008. Véase también Remi Lenoir, *Généalogie de la morale familiale,* París, Seuil, 2003.

6 Véase Alain Coscia-Moranne, *Reims, un laboratoire pour l'habitat. Des cités-jardins aux quartiers jardins,* Reims, CRDP Champagne-Ardenne, 2005, y Delphine Henry, *Chemin vert. L'œuvre d'éducation populaire dans une cité-jardin emblématique, Reims 1919-1939,* Reims, CRDP Champagne-Ardenne, 2002. Véase asimismo Delphine Henry, *La Cité-jardin. Une histoire ancienne, une idée d'avenir,* en el sitio del CRDP Champagne-Ardenne: http://www.crdp-reims.fr/res sources/dos siers/cheminvert/expo/portail.htm.

7 Gilles Deleuze, «Gauche», en *L'Abécédaire de Gilles Deleuze,* dvd, Éditions du Montparnasse, 2004.

8 Acerca de esta división entre «ellos» y «nosotros», que opera en las clases populares, véase Richard Hoggart, *La Culture du pauvre,* París, Minuit, 1970, pp. 177 y ss. [Hay trad. cast. de Julieta Barba y Silvia Jawerbaum: *La cultura obrera en la sociedad de masas,* Buenos Aires, Siglo XXI, 2013].

CAPÍTULO 4

1 En esa época coexistían dos sistemas: la escuela primaria, obligatoria hasta los catorce años, y el liceo, más prestigioso, al que asistían los hijos de los burgueses desde los once a los diecisiete años. [N. de la T.]

2 Véase Francine Muel-Dreyfus, *Le Métier d'éducateur,* París, Minuit, 1983, pp. 46 y 47.

3 Annie Ernaux, *Une femme, op. cit.,* p. 33.

4 Segundo, primero y terminal corresponden a los últimos tres años de escolarización media, comprendida entre los quince y los diecisiete años. [N. de la T.]

PARTE II

CAPÍTULO 1

1   Quizá esto permita explicar que, en las clases populares, convivan costumbres flexibles y móviles con una moral más bien rigorista. Y es esta mezcla de plasticidad en las prácticas y rigidez en la ideología lo que abre las puertas al cotilleo, las habladurías y el qué dirán.

2   Paul Éluard, «Comprenne qui voudra», en *Au rendez-vous allemand,* París, Minuit, 1945.

CAPÍTULO 2

1   Marguerite Duras, *Hiroshima mon amour,* París, Gallimard, col. Folio, 1972 [Hay trad. cast. de Caridad Martínez: *Hiroshima mon amour,* Barcelona, Seix Barral, 2005].

2   Véase Fabrice Virgili, *La France «virile». Des femmes tondues à la Libération,* París, Payot, 2000.

3   En Francia, sexto equivale a primero de la ESO, y así sucesivamente. [*N. del E.]*

4   Annie Ernaux, *Une femme, op. cit.*

5   Aquí me remito a los bellos comentarios de Carolyn Kay Steedman acerca de su madre en *Landscape for a Good Woman. A Story of Two Lives,* New Brunswick, New Jersey, Rutgers University Press, 1987, pp. 8 y 9. Véase asimismo su crítica feroz del libro de Richard Hoggart, *The Uses of Literacy (La Culture du pauvre, op. cit.),* que presenta un cuadro ahistórico del mundo obrero y celebra su simpleza e inmovilidad psicológica, como si la clase obrera hubiese dejado de transformarse apenas el futuro sociólogo salió de ella (*op. cit.* pp. 11 y 12).

6   El *baccalauréat* o *bac* es el diploma que certifica el fin de los estudios secundarios. Se obtiene mediante una serie de exámenes y es requisito para acceder a la educación superior. [N. de la T.]

CAPÍTULO 3

1   Analicé el discurso —homófobo en su propio fundamento— de Lacan sobre las «causas» de la homosexualidad en *Une morale du minoritaire. Variations sur un thème de Jean Genet,* París, Fayard, 2001, pp. 235-284 [Hay trad. cast. de Jaime Zulaika: *Una moral de lo minoritario. Variaciones sobre un tema de Jean Genet,* Barcelona, Anagrama, 2004].

2   Raymond Aron, «Science et consciente de la société», en *Les Sociétés modernes,* París, Presses Universitaires de France, col. Quadrige, 2006, p. 57.

3   Véase Richard Hoggart, *33 Newport Street. Autobiographie d'un intellectuel issu des classes populaires,* París, Gallimard y Seuil, col. Hautes études, 1991.

4   La *agrégation* es un concurso por oposición, compuesto por una serie de exámenes escritos y orales, por medio del cual se eligen los profesores titulares en los liceos y en las universidades. [N. de la T.]

CAPÍTULO 4

1   John Edgar Wideman, *Brothers and Keepers,* Nueva York, Henry Holt, 1984 [Hay trad. cast. de Eduardo Jordá: *Hermanos y guardianes,* Málaga, Megazul, 1996].

2   *Op. cit.,* pp. 56 y 57.

3   En esa época, ya se había implementado el sistema único de *collège* y liceo que se ha mantenido hasta el día de hoy. Al *collège* asisten los alumnos desde los once a los catorce años y al liceo, desde los quince a los dieciocho años. [N. de la T.]

4   John Edgar Wideman, *Fanon,* Boston-Nueva York, Houghton Mifflin, 2008, pp. 62 y 63.

5   Pierre Bourdieu, *Réponses. Pour une anthropologie réflexive,* París, Seuil, 1992, p. 78 [Hay trad. cast. de Ariel Dilon: *Una invitación a la sociología reflexiva,* Buenos Aires, Siglo XXI, 1995.

6   Pierre Bourdieu, «L'idéologie jacobine» (1966), en *Interventions. Science sociale et action politique, 1961-2001,* Marsella, Agone, 2002, p. 56 [Hay trad. cast. de Beatriz Morales: *Intervenciones 1961-2001. Ciencia social y acción política,* La Habana, Hiru, 2004].

PARTE III

CAPÍTULO 1

1   Véase Stéphane Beaud y Michel Pialoux, *Retour sur la condition ouvrière. Enquête aux usines Peugeot de Sochaux-Montbéliard,* París, Fayard, 1999.

2   El hecho de que haya podido prosperar el concepto, tan inepto como reaccionario, de «individualismo de masa» para analizar la «precarización» del mundo laboral nos brinda más información sobre la triste trayectoria que llevó a los sociólogos que la utilizan a pasar de la izquierda crítica a los círculos tecnocráticos y el pensamiento neoconservador que sobre la realidad de las «metamorfosis de la cuestión social».

3   Sobre la transformación de los discursos y las políticas económicas, véase Frédéric Lebaron, *Le Savant, la politique et la mondialisation,* Bellecombe-en-Bauge, Le Croquant, 2003.

4   De esta extraña manera, quería explicarme que había votado a Le Pen en la primera vuelta de la elección presidencial de 2002 y a Chirac contra Le Pen en la segunda vuelta. En 2007, votó las dos veces por Sarkozy.

5   Sobre todo lo que precede, me remito a mi libro *D'une révolution conservatrice et de ses effets sur la gauche française,* París, Léo Scheer, 2007.

6   Jean-Paul Sartre, «Élections, piège à cons», en *Situations,* X, París, Gallimard, 1976, pp. 75-87 [Hay trad. cast.: «Las elecciones: una trampa para bobos», en *Contrahistorias. La otra mirada de Clío,* núm. 14, México, 2010, pp. 43-51].

7   Maurice Merleau-Ponty, «Sur l'abstention», en *Signes,* París, Gallimard, 1960, pp. 397-401 [Hay trad. cast. de Caridad Martínez y

Gabriel Oliver: «Sobre la abstención», en *Signos*, Barcelona, Seix Barral, 1964].

8 Acerca de los procesos sociales, políticos e ideológicos análogos que, en Gran Bretaña, llevaron a la composición de bloques históricos que asociaban a la burguesía con amplias facciones de las clases populares en el voto a los partidos de derechas, véase Stuart Hall, *The Hard Road to Renewal. Thatcherism and the Crisis of the Left*, Londres, Verso, 1988.

9 Sobre el voto a favor del Frente Nacional, véase el artículo de Patrick Lehingue, «L'objectivation statistique des électorats: que savons-nous des électeurs du Front national?», en J. Lagroye (dir.), *La Politisation*, París, Belin, 2003.

CAPÍTULO 2

1 Sobre los cambios de una generación a otra en la relación de las clases populares con la izquierda y la derecha, véase Patrick Lehingue, «L'objectivation statistique des électorats: que savons-nous des électeurs du Front national?», en J. Lagroye (dir.), *La Politisation, op. cit.*

2 Se puede encontrar una descripción muy realista de ese racismo de la clase obrera francesa y las condiciones de vida de los trabajadores inmigrantes durante la década de 1950 en la novela de Claire Etcherelli, *Élise ou la vraie vie* (1967), París, Gallimard, col. Folio, 1977 [Hay trad. cast. de Fernando Gutiérrez: *Elisa o la verdadera vida*, Barcelona, Noguer, 1968].

3 Términos racistas usados como insultos o para designar a una persona proveniente de algún país árabe, de origen árabe y más específicamente del Magreb. Estos insultos se vienen usando desde la época colonial y en el contexto de la guerra de Argelia. [N. del E.]

4 En *Elisa o la verdadera vida,* es la clase obrera sindicada y cercana al Partido Comunista la que expresa su racismo en la fábrica. E incluso algunos justifican su hostilidad para con los argelinos y tunecinos por el hecho de que no participaron de la huelga por un aumento salarial.

5 Véase nota 3.

6   Sobre el racismo y el antisemitismo de los medios populares franceses (particularmente de izquierdas), así como sobre los movimientos obreros de derechas, véase Zeev Sternhell, *La Droite révolutionnaire, 1885-1914*, París, Fayard, 2000, en particular el capítulo 4, «L'antisémitisme de gauche», y el capítulo 6, «Une droite prolétarienne: les jaunes». Véase también, del mismo autor, *Ni droite ni gauche. L'idéologie fasciste en France*, París, Fayard, 2000.

7   Acerca de las teorías que se enfrentaron a la izquierda y al marxismo y propusieron otros marcos para pensar la condición obrera y el lugar y el papel de los obreros en la sociedad, véase Zeev Sternhell, *La droite révolutionnaire, op. cit.*, en particular el capítulo 9, «À la recherche d'une assise populaire: l'Action Française et le prolétariat».

8   Para una crítica de la «experiencia» como «evidencia» inmediata y un análisis del papel de los discursos y las teorías políticas en el recorte de las percepciones, las prácticas y los significados que estas revisten, véase Joan W. Scott, «L'évidence de l'expérience», en *Théorie critique de l'histoire. Identités, expériences, politiques*, París, Fayard, 2009, pp. 65-126.

9   Sobre este punto, me remito a las valiosas observaciones de Stuart Hall en *The Hard Road to Renewal, op. cit.*

10 Un elogio de la «competencia» compartida y del «sorteo» como principal regulador de un «poder del pueblo» puede encontrarse en Jacques Rancière, *La Haine de la démocratie*, París, La Fabrique, 2005 [Hay trad. cast. de Irene Agoff: *El odio a la democracia*, Buenos Aires, Amorrortu, 2006]. El propio Rancière parece ser vagamente consciente del problema, si bien nunca lo formula (¡y con razón!, ya que pondría en duda un gran número de sus presupuestos): todos los ejemplos de expresiones democráticas que menciona nos remiten a lo que denomina «luchas» o «movimientos», es decir, manifestaciones colectivas y organizadas de la opinión disidente. Esto demuestra que el «poder del pueblo» como fundamento de la democracia nunca es el de los individuos indiferenciados e intercambiables: siempre ha estado inscripto en marcos sociales y políticos heterogéneos y conflictivos entre sí. Tales marcos son los que deben ubicarse en el centro de las preguntas y preocupaciones de una reflexión sobre la democracia.

11 Este elemento crucial que constituye la mediación de los partidos está ausente en el modelo de Sartre (quien, en la época en que escribió el texto sobre el voto, estaba bajo la influencia del espontaneísmo de izquierdas), pero, por el contrario, Bourdieu lo resalta en su artículo «Le mystère du ministère. Des volontés particulières à la "volonté générale"», en *Actes de la recherche en sciences sociales*, núm. 140, 2001, pp. 7-13 [Hay trad. cast. de Joaquín Rodríguez: «El misterio del ministerio. De las voluntades particulares a la "voluntad general"», en vv.aa., *El misterio del ministerio: Pierre Bourdieu y la política democrática*, Barcelona, Gedisa, 2005].

12 Acerca de este punto, coincido con los análisis de Stuart Hall en «Gramsci and Us», en *The Hard Road to Renewal, op. cit.*, pp 163-173.

13 Con el apoyo, evidentemente, de intelectuales de partido y de gobierno, quienes pretenden definir qué es política y qué no lo es, qué es «democrático» y qué es «contrademocrático», etc. Todas tentativas que representan lo contrario de lo que tendría que ser el trabajo intelectual —pensar el mundo social en su movilidad en vez de buscar preescribirlo— y la actividad democrática, la cual no se deja encerrar en los dictados de esos ideólogos autoritarios vinculados con todas las tecnocracias y todas las burocracias, es decir, con todas las instituciones y todos los poderes. A título de antídoto salvador de esas pulsiones antidemocráticas, es recomendable leer el libro de Sandra Laugier, *Une autre pensée politique américaine. La démocratie radicale d'Emerson à Stanley Cavell*, París, Michel Houdiard, 2004.

PARTE IV

CAPÍTULO 1

1 Pierre Bourdieu, *Esquisse pour une auto-analyse*, París, Raisons d'agir Éditions, 2004, pp. 120, 121 y 123 [Hay trad. cast. de Thomas Kauf: *Autoanálisis de un sociólogo*, Barcelona, Anagrama, 2006].

2 *Op. cit.*, p. 120.

3 *Op. cit.*, pp. 126 y 127.

4   *Op. cit.*, p. 126.

5   Las Escuelas Normales Superiores y las *Grandes Écoles* son centros de enseñanza superior muy prestigiosos, a los que se accede mediante concurso tras dos años de clases preparatorias. [N. de la T.]

6   Sobre el vínculo entre los valores masculinizantes de los varones pertenecientes a los medios obreros o populares —en particular el rechazo por la autoridad y la hostilidad hacia los buenos alumnos, a quienes tachan de «conformistas»— y la eliminación escolar, y la consecuente asignación a oficios obreros, véase Paul Willis, *Learning to Labour. How Working Class Kids Get Working Class Jobs*, Westmead, Gran Bretaña, Saxon House, 1977 [Hay trad. cast. de Rafael Feito: *Aprendiendo a trabajar. Cómo los chicos de clase obrera consiguen trabajos de clase obrera*, Madrid, Akal, 1988].

7   Pierre Bourdieu, *Esquisse pour une autoanalyse, op. cit.* Relaté, en mi diario del año 2004, es decir, cuando este libro se publicó en Francia, algunas de las numerosas conversaciones que mantuve con él con respecto a todos esos temas y otros, mientras escribía y cuando me hizo leer el manuscrito (véase Didier Eribon, *Sur cet instant fragile... Carnets, janvier-août 2004*, París, Fayard, 2004 [Hay trad. cast. de Juan Antonio Vivanco Gefaell: *Por ese instante frágil. Reflexiones sobre el matrimonio homosexual*, Barcelona, Bellaterra, 2005]). Ante mis críticas, respondía que, cuando volviera a trabajar el libro para su publicación francesa, después de que lo publicaran en Alemania, se ocuparía de modificar esas páginas. No tuvo tiempo de hacerlo.

8   Acerca de las categorías masculinistas —y de clase— que actúan en el discurso a través del cual la sociología se constituye como «ciencia» por oposición a la filosofía, véase Geoffroy de Lagasnerie, «L'inconscient sociologique. Émile Durkheim, Claude Lévi-Strauss et Pierre Bourdieu au miroir de la philosophie», en *Les Temps Modernes*, núm. 654, 2009, pp. 99-118.

9   Desarrollé este punto en *Reflexiones sobre la cuestión gay, op. cit.* y en *Una moral de lo minoritario, op. cit.* Este uso específicamente gay de la cultura está ausente en el modelo de *La Distinction*, París, Minuit,

1979 [Hay trad. cast. de María del Carmen Ruiz de Elvira: *La distinción*, Taurus, Madrid, 1988]. Bourdieu me dio inmediatamente la razón un día en que le hice esta observación.

CAPÍTULO 2

1   Richard Hoggart lo subraya en *33 Newport Street, op. cit.*

2   En el liceo, los alumnos eligen una orientación para sus últimos dos años (literaria, científica o económica y social). [N. de la T.]

3   La preparación al concurso para las carreras literarias lleva dos años, al primero se lo denomina *hypokhâgne* y al segundo, *khâgne*. Si bien se trata de una instancia universitaria, tiene lugar en el espacio físico de los liceos. [N. de la T.]

4   Pierre Bourdieu, *La Distinction, op. cit.*, pp. 145 y ss.

CAPÍTULO 3

1   La «mención» es una apreciación favorable del jurado de la tesina que solo reciben los trabajos que obtienen una nota superior a 12/20. Las menciones pueden ser «bastante bien», «bien» o «muy bien». Esta última corresponde a una nota superior a 16/20. [N. de la T.]

2   El DEA (Diplôme d'Études Approfondies) es un diploma nacional que se otorgó hasta 2005 y que correspondía al primer año de estudios doctorales. [N. de la T.]

PARTE V

CAPÍTULO 1

1   Guy Hocquenghem critica duramente a Reich en *Le Désir homosexuel*, París, Fayard, 1972 (reed. 2000), pp. 154 y ss. [Hay trad. cast. de

Geoffroy Huard: *El deseo homosexual*, Barcelona, Melusina, 2009].
Acerca del entusiasmo por Reich de una parte del movimiento homosexual de los años setenta, véase Thierry Voeltzel, *Vingt ans et après*,
París, Grasset, 1978, particularmente pp. 18 y 29 (este libro es un
diálogo entre un joven de veinte años y un «amigo más grande» que
no es otro que Michel Foucault. Hice un comentario sobre este texto en *Identidades. Reflexiones sobre la cuestión gay*, op. cit., pp. 433-439).

2   Michel Foucault, *Histoire de la sexualité*, t. I: *La volonté de savoir*,
París, Gallimard 1976 [Hay trad. cast. de Ulises Guiñazú: *Historia de
la sexualidad*, t. I: *La voluntad de saber*, México, Siglo XXI, 1977].
Sobre este punto me remito a mis análisis sobre el razonamiento de
Foucault en la tercera parte de *Identidades. Reflexiones sobre la cuestión
gay*, op. cit., en *Una moral de lo minoritario*, op. cit., y en *Échapper à la
psychanalyse*, París, Léo Scheer, 2005 [Hay trad. cast. de Geoffroy
Huard: *Escapar del psicoanálisis*, Barcelona, Bellaterra, 2008].

CAPÍTULO 2

1   Véase Eve Kosofsky Sedgwick, *Epistemology of the Closet*, Berkeley,
University of California Press, 1990 [Hay trad. cast. de Teresa Bladé:
Epistemología del armario, Barcelona, Ediciones de la Tempestad, 1998].
Me inspiré ampliamente en sus análisis cuando escribí *Identidades. Re-
flexiones sobre la cuestión gay*, op. cit.

2   Se trata de un juego de palabras que deja traslucir la violencia de
género naturalizada en la lengua francesa, que considera al pronombre masculino como «neutro». El chiste consiste en intercambiar en
las preguntas *quelle heure est-il?* [¿qué hora es?] y *quel temps fait-il?*
[¿cómo está el tiempo?] el pronombre masculino por el femenino. [N.
de la T.]

3   George Chauncey, *Gay New York. Gender, Urban Culture, and the Making
of a Gay Male World, 1890-1940*, Nueva York, Knopf, 1994.

CAPÍTULO 3

1   Literalmente, «rompemaricas», así se denomina a las personas o pandillas homofóbicas que agreden con violencia a los gays y que actúan mayormente en los lugares de encuentro. [N. de la T.]

2   Erving Goffman, *Stigma. Notes on the Management of Spoiled Identity*, Englewoods Cliff, New Jersey, Prentice-Hall, 1963 [Hay trad. cast. de Leonor Guinsberg: *Estigma. La identidad deteriorada*, Buenos Aires, Amorrortu, 2003]. Sobre la dominación simbólica, véase Pierre Bourdieu, *Méditations pascaliennes*, París, Seuil, 1997, pp. 203 y 204 [Hay trad. cast. de Thomas Kauf: *Meditaciones pascalianas*, Barcelona, Anagrama, 1999].

3   Véanse Georges Dumézil, *Loki*, París, Maisonneuve, 1948, y mis comentarios sobre este libro en «El crimen de Loki», en *Herejías, op. cit.*, pp. 19-32.

4   Patrick Chamoiseau, *Écrire en pays dominé*, París, Gallimard, 1997, pp. 23 y 24.

5   Eve Kosofsky Sedgwick, «Shame, Theatricality and Queer Performativity: Henry James' *The Art of the Novel*», en *Touching Feeling. Affect, Pedagogy, Performativity*, Durham, NC, Duke University Press, 2002, pp. 35-65.

EPÍLOGO

1

1   Jean-Paul Sartre, *Les Mots* (1964), París, Gallimard, col. Folio, 1977, p. 139 [Hay trad. cast. de Manuel Lamana: *Las palabras*, Buenos Aires, Losada, 2007].

2

1   Véanse Maurice Halbwachs, *Les Cadres sociaux de la mémoire* (1925), París, Albin Michel, 1994 [Hay trad. cast. de Manuel A. Baeza y

Michel Mujica: *Los marcos sociales de la memoria*, Barcelona, Anthropos, 2004]; y *La Mémoire collective* [manuscrito de 1932-1938, edición establecida por Gérard Namer], París, Albin Michel, 1997 [Hay trad. cast. de Inés Sancho-Arroyo: *La memoria colectiva*, Zaragoza, Prensas Universitarias de Zaragoza, 2004].

2   Annie Ernaux, *Les Armoires vides*, París, Gallimard, 1974 [Hay trad. cast.: *Los armarios vacíos*, Barcelona, Sagitario, 1976].

3   Annie Ernaux, *Les Années*, París, Gallimard, 2008, p. 121 [Hay trad. cast. de María Teresa Gallego Urrutia: *Los años*, Madrid, Herce Editores, 2008].

4   Didier Eribon, «The Dissenting Child: A Political Theory of the Subject», conferencia pronunciada el 9 de abril de 2008, con motivo de la entrega del James Robert Brudner Memorial Prize.

5   Raymond Williams, *Border Country* (1960), Cardigan, Parthian, col. The Library of Wales, 2006.

Este libro se publicó
en Casarrubuelos, Madrid,
en el mes de octubre de 2025.